세상을 읽다

시사이슈11

Season 2

세상을 읽다
시사이슈11 Season 2

초판 1쇄 발행 2022년 11월 25일

글쓴이   김승훈 외 10명
펴낸이   이경민

편집   김승훈, 이순아
디자인   김현수

펴낸곳   (주)동아엠앤비
출판등록 2014년 3월 28일(제25100-2014-000025호)
주소   (03737) 서울특별시 서대문구 충정로 35-17 인촌빌딩 1층
홈페이지 www.dongamnb.com
전화   (편집) 02-392-6903 (마케팅) 02-392-6900
팩스   02-392-6902
이메일   damnb0401@naver.com
SNS   [f] [ⓘ] [blog]

ISBN 979-11-6363-633-5 (04300)
      979-11-87336-67-9 (세트)

세상을 읽다 시사이슈 11 Season 2

김승훈 외 10명 지음

동아 엠앤비

들어가며

    국내 주요 언론 현직 기자 11명이 뭉쳤다. 고등학생들이 꼭 알아야 할 시사상식을, 알기 쉽게 전달하기 위해서다. 신문, 방송, 통신 등 11개 언론사 현직 기자들이 집단지성을 발휘해 시사상식을 집필하는 건 출판 사상 최초라 할 만하며 의미가 있다고 생각한다.

    뉴스가 흘러넘친다. 매일 수천 개의 기사들이 온라인에 쏟아져 나온다. 국회만 해도 1,000명이 넘는 기자들이 날마다 수백 개의 기사를 온라인으로 밀어낸다. 기사를 가장한 '가짜뉴스'도 판을 친다. 보통 온라인에 떠도는 수많은 기사 중 한 개를 클릭, 그 기사를 접하게 되면, 사실 여부를 떠나 그 기사 내용이 '상식'으로 자리 잡게 된다. 다른 사람들과 얘기할 때 어디에서 봤는지는 쏙 빼놓고, "그거 이렇대"라며 확신에 차 말하기도 한다. 그만큼 어떤 매체를 통해 어떤 내용을 접하는지가 중요한 이유다.

    현직 기자 11명이 의기투합한 것도 이에 대한 문제의식과 무관하지 않다. 세상을 보는 객관적·상식적 시각을 정립해야 할 고등학생들이 무분별한 뉴스에 오염이 돼 잘못된 생각을 키우게 될까 우려되기 때문이다. 현역 기자들이 현장에서 온몸으로 부딪히며, '팩트체크'를 통해 팩트로 확인된 내용만 객관적으로 담았다.

    대개 시사상식 책이라고 하면 시사용어 풀이집을 먼저 떠올리기 마련이다. 시중의 시사상식 책 대부분은 용어에 대해 간략하게, 또는 상세하게 설명하는 차이만 있을 뿐, 용어 풀이 틀에서 벗어나지 못했다. 저자들은 이런 단순 암기식 지식 나열을 철저히 지양했다. 어떤 이슈가 있다면, 그 이슈를 둘러싼 배경 설명, 역사, 의미 등을 두루 짚었다. 이 책 한 권으로, 해당 이슈의 핵심 내용을 제대로 꿸 수 있도록 구성했다.

    저자들은 치열한 회의를 거듭한 끝에 2022년을 대표하는 이슈로 •검찰 수사권 분리 •용산 시대 개막 •3고(고환율·고물가·고금리) •녹색에너지 •테라−루나 사태와 암호화폐의 세계 •코로나19 •누리호 •러시아·우크라이나 전쟁 •미중 패권 전쟁 •세계 속 한류 •징벌적 손해배상과 언론개혁법, 11개를 선정했다. 본문 내용은 2022년 9월 30일까지의 상황을 토대로 정리했다.

검찰 수사권 분리

문재인 정부는 집권 5년 동안 무소불위의 검찰 권력을 줄이기 위해 대대적인 검찰 개혁을 단행했다. 검경 수사권 조정을 통한 검찰 수사권 축소, 고위공직자범죄수사처 설치 등에 이어 '검수완박'(검찰 수사권 완전 박탈) 법안까지 밀어붙였다. 반면 새로 출범한 윤석열 정부는 시행령 개정을 통해 '검수원복'(검찰 수사권 원상복구)을 추진했다. 전·현 정부가 검찰 수사권을 놓고 상반된 주장을 펼치고 있다. 검수완박과 검수원복, 국민에게는 어떤 영향을 미칠까.

용산 시대 개막

5년 만의 정권 교체로 윤석열 정부가 출범했다. 윤석열 대통령은 역대 대통령들의 일터였던 청와대를 떠나 용산 국방부 청사로 집무실을 옮겼다. 용산 시대가 개막과 함께 청와대는 74년 만에 전면 개방됐다. 용산 시대 개막과 청와대 개방은 어떤 의미가 있을까.

3고(고환율·고물가·고금리)

한국 경제에 고환율·고물가·고금리라는 '3고高' 위기가 덮쳤다. 환율은 천정이 뚫린 듯 거침없이 치솟고, 물가도 '악' 소리가 날 정도로 고공행진하고 있다. 금리도 덩달아 가파르게 상승하며 서민들의 삶을 고달프게 하고 있다. 고환율, 고물가, 고금리의 상관관계와 국내 경제에 미치는 영향은 어떻게 될까.

녹색에너지, 탈원전에서 원전으로

문재인 정부는 에너지정책으로 '탈원전'을 추구했다. '원자력'을 나쁘다고 보고, 태양광·풍력 등 재생에너지 확대에 힘을 쏟았다. 반면 5년 만에 정권 교체에 성공한 윤석열 정부는 탈원전 정책을 폐기하고 원전 정책으로 선회했다. 원전을 보는 관점이 완전히 판이한 것. 원전은 우리에게 독毒일까 약藥일까.

러시아 · 우크라이나 전쟁

2월 24일 새벽 6시, 러시아가 우크라이나를 침공했다. 러시아의 압도적 군사력에 단 사흘이면 수도가 함락될 것이라는 예상은 완전히 빗나갔다. 우크라이나는 7개월이 넘도록 항전 중이다. 러시아는 왜 우크라이나를 침략했고, 향후 국제 질서는 어떻게 바뀌어 갈까. 러시아의 우크라이나 침공으로 글로벌 경제는 어떤 어려움에 직면할까.

미중 패권 전쟁

미국과 중국, G2가 맞붙었다. 대만을 둘러싼 정치·안보적인 대결을 넘어 경제, 기술 분야까지 대치 전선이 확대됐다. 두 강대국에 의존도가 큰 한국은 '강 건너 불구경'을 할 수가 없다. 미국과 중국은 왜 패권을 놓고 다투게 됐고, G2의 대결이 국제 사회에는 어떤 영향을 미칠까.

징벌적 손해배상과 언론개혁법

더불어민주당은 2021년 언론사에 징벌적 손해배상을 물리는 내용을 골자로 한 언론개혁법을 추진했다. 민주당은 일반 시민의 '피해 구제'를 명분으로 내걸었지만 언론·시민단체 등은 "언론 옥죄기 법안"이라고 반발했다. 징벌적 손해배상 도입은 타당한가.

 이 책을 읽고, 위 질문에 대한 답이 명확하게 그려진다면, 구술이든 면접이든 그 어떤 자리에서나 자신 있게 적확한 답변을 내놔 주위의 부러움을 사는, 돋보이는 사람이 될 것이라 확신한다. 무엇보다 현재 발 딛고 서 있는 오늘을 제대로 이해하는 밑거름이 되길 바라는 마음을 담았다.

김승훈

서울신문 기자

CONTENTS

검찰
수사권
분리

김경욱
한겨레신문 기자

탐사보도팀, 정치부, 사회부, 경제부, 문화부 등을 거쳐 현재
스페셜콘텐츠부장으로 일하고 있다. '국회의원 정치자금
탐사보도'로 한국기자상, '국정원 양우회 대해부'와 '과거사 재심
사건 책임자 보도'로 이달의 기자상을 받았다. '전두환 은닉재산
찾기' 연속 보도로 관훈언론상과 올해의 법조언론상을 받기도
했다.

issue
01 검찰 수사권 분리

· · · · ·

검찰 역사에서 2022년은 '최고의 해'로 꼽힐 만하다. 검찰 조직에 대한 이해가 높고, 검찰을 개혁 대상으로 바라보지 않는 직전 검찰총장 출신이 대통령으로 선출된 해이기 때문이다. 대한민국 헌정 사상 검찰총장 출신 대통령은 윤석열 대통령이 처음이다.

하지만 동시에 2022년은 검찰 역사에서 '최악의 해'이기도 하다. 검·경 수사권 조정에 이어 이른바 '검수완박'(검찰 수사권 완전 박탈) 법안(개정 검찰청법·형사소송법)이 국회를 통과하면서 검찰의 직접 수사 범위가 대폭 축소됐기 때문이다.

문재인 정부는 집권 5년 동안 대대적인 검찰개혁을 추진했다. 무소불위의 검찰 권한을 분산해 검찰의 정치적 수사와 기소를 막겠다는 입장이었다. 이는 검찰 수사권 축소와 고위공직자범죄수사처(공수처) 설치 등으로 이어졌다. 문재인 정부는 사실상 검찰로 시작해, 검찰로 끝났다고 해도 과언이 아니다.

'검찰 힘 빼기'를 둘러싼 논란은 현재 진행형이다. 윤석열 정부는 '문 정부가 검찰의 권한을 과도하게 축소했다'며 검찰권 회복을 추진 중이다. 또한 2022년 후반기 국회가 개원한 뒤, 여야 합의로 형사사법체계개

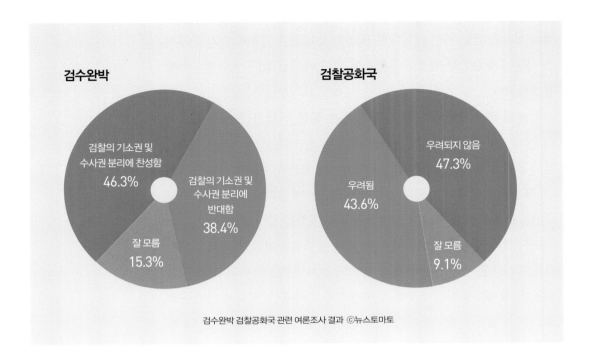

검수완박 검찰공화국 관련 여론조사 결과 ⓒ뉴스토마토

혁특별위원회(사개특위)가 꾸려지면서 중대범죄수사청(중수청) 신설 등 검수완박 후속 조처를 둘러싼 논의가 시작됐다.

　중수청이 출범하면 검찰의 직접 수사권은 완전히 폐지된다. '민주주의 발전과 무소불위 검찰권력을 해체하기 위해서는 수사-기소권 분리는 필요하다'는 목소리와 '검수완박은 부패완판(부패가 완전히 판친다)'이라는 주장이 여전히 팽팽히 맞서면서 논란은 가열되는 양상이다. 검찰개혁은 왜 필요했고, 그동안 어떤 변화가 있었으며, 왜 수년째 논란일까.

수사와 재판, 형사사법 체계의 두 기둥

　수년 동안 이어져 온 검찰개혁을 둘러싼 논란을 이해하기 위해서는 먼저 대한민국 형사사법 체계에 대한 이해가 필요하다. 여기에서 '형사' 刑事란, 사복경찰을 말하는 것이 아니다. 범죄와 형벌에 관한 법률인 형법의 적용을 받는 사건을 말한다. 국가가 형벌권을 발동해 범죄를 저지른 사람에게 합당한 책임을 부과하기 위해 마련된 것이 바로 형사사법 시스템이다.

이해를 돕기 위해 예를 한 번 들어보자. 물론, 가정이다. 서울 마포구의 한 다세대 주택에서 살인 사건이 발생한다. 60대 남성 ㄱ씨가 흉기에 찔려 숨져 있는 것을 그의 아들 ㄴ씨(30대)가 발견해 경찰에 신고한 것이다. 경찰은 현장에서 지문과 유전자DNA, 인근 폐쇄회로TVCCTV 등 관련 증거물을 확보하고, 목격자 조사 등을 통해 범인을 찾아 나선다.

수사 결과, 범인은 아랫집에 사는 40대 남성 ㄷ씨였다. ㄷ씨의 집에서 범행에 사용된 흉기가 발견되고, ㄱ씨의 신체에서도 ㄷ씨의 DNA가 검출된다. 죄책감을 이기지 못한 ㄷ씨는 경찰 조사에서 "평소 층간 소음으로 ㄱ씨와 갈등을 빚어오다가, 사건 당일 분을 참지 못하고 우발적으로 그를 살해했다"고 자백한다. ㄷ씨의 자백으로 범인이 검거되면, 사건은 완전히 끝나는 것일까.

살인 사건 등 범죄를 다루는 수많은 영화나 드라마에서는 범인 검거가 작품의 '엔딩'이 될지 몰라도 현실은 그렇지 않다. 범인 검거만큼이나 중요한 절차가 남아 있다. 바로 재판이다. 범죄자에게 범행에 합당한 책임을 묻는 사회적 과정은 검거만큼이나 중요하다. ㄷ씨가 살인 사건에 대한 벌을 받지 않거나, 아버지를 잃은 ㄴ씨가 ㄷ씨를 찾아가 사적으로 복수한다면 우리 사회는 어떻게 되겠는가. 국가가 범죄자를 찾아내 그에게 합당한 벌을 내리는 것은 법치의 기본이다.

범죄자를 법정에 세우기 위해서는 절차가 필요하다. 경찰은 범죄자를 직접 법정에 세울 수 없다. 기소권이 없기 때문이다. '기소'란 쉽게 말해, 범죄 혐의가 뚜렷한 수사 대상자를 재판에 넘기는 행위다. 공소제기와 같은 말로, 대한민국 사법 체계상 이는 '검사'만이 할 수 있었다. 이 때문에 경찰은 자신들이 수사한 사건의 기록과 증거물 등을 관할 검찰청으로 보내는데, 이를 '송치'라고 한다. 경찰로부터 사건을 넘겨받은 검찰은 경찰 수사 결과를 검토해 기소 여부를 결정한다. 이 과정에서 검찰은 범인과 범죄사실, 증거 등을 추가로 수사하기도 한다.

검찰에 권한이 집중됐던 형사사법 체계, 언제부터?

'수사'와 '재판'이라는 형사사법 체계의 두 축에서 검찰은 이례적인 존재다. 경찰은 수사를, 법원은 재판을 담당하지만, 검찰은 이들 두 영역에 모두 관여한다. 지금도 검찰 권한은 막강하지만, 검·경 수사권 조정이 시행되고 공수처가 출범한 2021년 이전까지만 하더라도 검찰은 무소불위의 권한을 쥐고 있었다. 기소독점권은 물론, 직접 수사권, 수사지휘권, 수사종결권, 영장 청구권 등 형사사법 권한을 독점하며 우월적 지위를 누려왔다. 검찰은 모든 사건에 대해서 직접 수사할 수 있었고(직접 수사권), 수사에 관해 경찰을 지휘할 수 있었으며(수사지휘권), 수사에 대한 최종 판단을 유일하게 내릴 수 있었다(수사종결권). 체포·구속·압수 또는 수색에 필요한 영장을 법원에 청구할 수 있는 주체도 검찰이 유일했다(영장 청구권).

검찰이 수사권과 기소권을 모두 가진 것은 1954년 형사소송법이 제정되면서부터다. 당시 국회에서는 검찰과 경찰 중 어느 기관이 '파쇼'(권위주의 독재)가 될 위험이 큰지를 두고 논쟁이 일었다. 이 과정에서 일제강점기 권력을 휘두르며 무자비한 압박을 일삼은 '순사'(경찰)에 대한 경험이 크게 작용하면서 검찰에 권한이 집중됐다.

당시 국회 회의록을 보면, 형사소송법 제정 작업에 참여한 검찰 출신 국회의원이었던 엄상섭 법사위원은 "(검찰이) 기소권만 가지고도 강력한 기관인데, 수사권까지 플러스하게 되면 결국 검찰 파쇼를 가지고 올 것"이라면서도 "경찰에다가 수사권을 전적으로 맡기면 경찰 파쇼가 될 것이다. 검찰 파쇼보다는 경찰 파쇼의 경향이 세지 않을까. 이런 점에서 범죄 수사의 주도권은 검찰이 가지는 것이 좋다는 정도로 생각했다"고 말했다. 다만 그는 "장래에는 우리나라도 조만간 수사권하고, 기소권하고 분리시키는 이러한 방향으로 나가는 것이 좋겠다"고 덧붙였다. 당시 국회에 출석한 한격만 검찰총장도 "이론적으로 수사는 경찰에 맡기고 검사에게는 기소권만 주는 것이 법리상 타당하지만, 이는 100년 후에나 가능하다"고 주장했다.

이렇게 검찰에 주어진 수사권을 두고 논란이 본격적으로 일기 시작한 것은 1999년 김대중 정부 시절부터다. 김대중 대통령은 검·경 수사권 조정을 공약했는데, 당시 검찰이 거세게 반발하면서 논의는 중단됐다. '검찰개혁'을 전면에 내세웠던 노무현 대통령은 2004년 검·경 수사권 조정 협의체를 발족해 이 문제를 논의하려 했지만, 검·경 입장이 첨예하게 갈리며 합의를 끌어내지 못했다. 이명박 정부 때인 2011년에도 국회 사법제도개혁특별위원회 논의와 청와대가 검·경 중재 등에 나섰지만 별다른 성과를 거두지 못했다.

수사권을 둘러싼 검·경의 해묵은 갈등

2021년 문재인 정부에서 검·경 수사권 조정이 이뤄지기 전만 하더라도 검찰과 경찰은 수직적 관계였다. 경찰은 모든 수사에 관하여 검사의 지휘를 받았다. 수사의 주체는 검사였고, 경찰은 검사의 지휘를 받는 사실상의 보조기관이었던 셈이다.

앞서 예로 든 마포구 살인 사건의 이야기로 돌아가면, 경찰은 사건을 검찰로 송치하기 전이라도 검사의 지휘가 있다면 그에 따라야 했다. 경찰에는 수사종결권도 없었기 때문에 경찰은 ㄷ를 붙잡아 '기소 의견'(혐의가 있으니 재판에 넘겨달라) 또는 '불기소 의견'(혐의가 없으니 재판에 넘기지 말아달라)을 달아 사건을 검찰에 송치하면, 검사가 공소를 제기(기소)하거나 불기소(기소하지 않음) 처분을 하는 것으로 수사가 종결됐다.

경찰에 영장 청구권이 없는 것은 지금도 다르지 않은데, 범행에 사용된 흉기가 ㄷ씨 자택에 있을 것으로 의심한 경찰이 그의 집을 압수수색하고자 할 때도 반드시 검찰을 거쳐야 한다. 경찰이 검찰에 영장을 신청하면, 검찰은 적절성 여부 등을 파악한 뒤 영장 신청을 반려하거나, 신청을 받아들여 법원에 영장을 청구하는 구조다. 경찰이 ㄷ씨를 체포하거나 구속하려고 할 때도 이런 과정을 거쳐 영장을 발부받아야 한다. 영장은 검사만이 법원에 청구할 수 있기 때문이다.

이런 구조는 경찰 입장에서 불합리하다고 느낄 수밖에 없다. 검찰 없이도 충분히 책임 있게 수사할 수 있고 사건을 마무리할 수 있는데, 검사의 수사지휘를 받아야 하거나 자체적으로 수사를 종결할 수 없기 때문이다. 영장 청구권 문제도 마찬가지다. 영장 발부 여부는 최종적으로 법원이 결정하는데, 경찰이 직접 영장을 청구해 법원의 판단을 받으면 되지, 굳이 중간에 검찰을 거칠 필요가 있느냐는 것이 경찰 쪽 논리다. 경찰이 검사의 수사지휘권 폐지를 비롯해 수사종결권, 영장 청구권을 꾸준히 요구해 온 이유다.

검찰 입장은 다르다. 수사지휘권을 폐지하고 경찰에 수사종결권과 영장 청구권을 주면, 경찰 수사를 통제할 수 있는 방안이 사라진다는 것이 검찰 반론의 핵심이다. 수사의 목적이 범죄자에 대한 유죄판결과 처벌이라면, 법률전문가의 시각에서 엄격하게 증거와 사실관계를 검토해야 하는데, 수사지휘권을 폐지하고 경찰에 수사종결권을 주면 그런 과정이 없어진다는 것이다. 특히, 구속·체포·압수수색 등 국민의 기본권을 침해할 수 있는 강제수사의 경우, 영장 발부 여부를 최종 판단하는 것은 법관이지만, 그에 앞서 검사가 한 차례 더 검토하도록 헌법에 명시된 것은 불필요한 인권 침해를 막기 위한 '안전장치'라고 검찰은 설명한다. 경찰에 영장 청구권을 부여하면, 국민의 기본권 침해로 이어질 수 있다는 취지다.

견제받지 않은 권력, 그 폐해는?

검·경의 힘겨루기와는 별도로 주목해야 할 대목은 과도한 권한 집중에 따른 부작용이다. 그동안 검찰은 견제받지 않는 권력으로 군림해왔다. 수사권과 기소권을 한손에 쥐고 정치적 수사도 자행했다. 전 정권 인사나 야권 인사를 겨눈 표적 수사·먼지떨이 수사를 벌이면서도, 현직 대통령이나 여권 인사가 관련됐거나 정권에 부담되는 수사는 뭉개는 방식으로 집권 세력에 충성을 다한 검사들이 있었다. 검찰이 '권력의 시녀'라는 비판을 받았던 이유다. 이런 검찰 수사의 가장 비극적인 결말을 한국 사회는 2009년 노무현 전 대통령 불법 자금 수수 의혹 수사에서 목도했다.

또 하나 중요한 대목은 검찰의 '제 식구 감싸기'다. 검찰이나 검찰 출신이 관련된 사건에서만큼은 검찰 칼날이 유독 무뎌졌다. 검찰은 책임을 묻지 않거나, 문제를 덮음으로써 '제 식구'에게 면죄부를 줬다. 그런 대표적 사례가 바로 김학의 전 법무부 차관 사건이다.

2013년 경찰은 검찰 출신인 김 전 차관에게 제기된 '별장 성접대(성폭행) 의혹'을 수사하는 과정에서 검찰에 체포영장, 압수수색영장, 통신영장 등을 수차례 신청하지만 검찰은 거부한다. 또한 검찰은 사건을 넘겨받은 뒤, 김 전 차관을 두 차례나 무혐의 처분해 '봐주기 수사'를 했다는 비판이 제기됐다.

검찰은 정권이 바뀐 뒤에야 2019년 6월 그를 성접대를 포함한 뇌물 수수 혐의로 구속기소하지만, 이어진 재판에서 김 전 차관은 면소 또는 무죄를 확정받는다. 면소란 공소시효가 지났거나 법이 사라졌거나 하는 등의 이유로 재판부가 사건 실체에 대한 판단을 내리지 않고 사건을 마무리하는 판결이다. 앞서 검찰의 '제 식구 감싸기 수사'로 별장 성접대 의혹은 공소시효가 지나면서, 진상 규명과 단죄의 시기를 놓친 것이다.

'제 식구 감싸기' 수사는 통계로도 확인할 수 있다. 법무부가 2021년 국회에 제출한 '검사 공무원 범죄 접수 및 처리 현황'을 보면, 2015년부터 2021년 8월까지 검사가 피의자로 입건된 사건 가운데 기소나 불기소 등으로 처분된 사건은 1만 8,904건이었다. 이 가운데 기소된 사건은 19건으로 비율로 따지면 0.1%밖에 되지 않는다. 이는 전체 형사사건 기소율이 32.9%에 이르는 것에 견주면 매우 낮은 수준이다. 전체 형사사건에서 피의자 1,000명 가운데 329명꼴로 재판에 넘겨진다면, 검사가 피의자로 입건된 사건에서는 재판에 넘겨지는 검사가 1,000명 가운데 1명 꼴에 불과한 것이다.

이런 결과가 가능했던 것은 검찰이 기소권을 독점해왔기 때문이다. 대한민국에서는 검사만이 기소할 수 있었고(기소독점주의), 기소를 하거나 하지 않는 것도 검사의 재량이었다(기소편의주의). 기소 여부가 검사의 재량에 달렸다는 것은 사건을 덮을 수도 있다는 말이다. 고소·고발 사건에서 검사의 불기소 결정에 불복할 수 있는 재정 신청 등의 제도가 있지만, 이는 상당히 제한적으로 이뤄진다는 점에서 검찰이 기소를 하지 않으면 법원의 판단을 받아볼 기회가 주어지기 힘든 구조다. 모든 사건을 수사할 수 있고, 유일하게 자신들만이 범죄 혐의자를 재판에 넘길 수 있으며, '제 식구 감싸기 수사'를 할 수 있는 조직. 그러면서 어떤 견제도 받지 않아 온 조직이 바로 검찰이었다.

공수처 설치와 검·경 수사권 조정

한국 사회에서 검찰개혁에 대한 사회적 요구가 강하게 제기됐던 때는 2017년 제19대 대통령선거 때다. 주요 대선 후보가 모두 '검찰개혁'을 대선 공약으로 내세웠다. 그들 가운데 특히 강력한 검찰개혁 공약을 내세운 이가 바로 문재인 전 대통령이다. 아마도 참여정부 시절 청와대에서 민정수석과 비서실장으로 일하며 바라본 노무현 전 대통령과 검찰과의 관계에 영향을 받은 듯하다. 그는 자신의 저서 《문재인의 운명》에서에서 이렇게 썼다. "검찰을 장악하려 하지 않고 정치적 중립과 독립을 보장해 주려 애썼던 노 대통령이 바로 그 검찰에 의해 정치적 목적의 수사를 당했으니 세상에 이런 허망한 일이 또 있을까 싶다."

하지만 이 또한 운명이었을까. 문 전 대통령은 검찰개혁을 위해 자신이 발탁한 검찰 수장이 다른 당 대선후보로 대통령에 당선돼 정권 교체를 하고, 검찰권을 회복시키려는 시도를 하리라고는 그 당시 꿈에도 생각하지 못했을 것이다. 문 전 대통령의 말을 그대로 빌리자면, "세상에 이런 허망한 일이 또 있을까 싶다."

검찰개혁의 핵심은 검찰에 집중된 권한을 분산하는 일이다. 공수처라는 독립된 기구가 검찰을 상시적으로 감시하고, 검찰의 수사권과 기소권을 분리해 수사는 경찰이, 기소는 검찰이 맡아 이들 권력 기관이 서로 견제하고 균형을 이루도록 하는 형사사법 시스템이 바로 문재인 정부가 그린 검찰개혁의 청사진이었다.

이와 관련한 논의가 급물살을 탄 것은 문 대통령 취임 이듬해인 2018년부터다. 그해 1월 당시 조국 청와대 민정수석은 공수처 신설 등의 내용을 담은 권력 기관 재편 방안을 발표한다. 같은 해 6월에는 법무부와 행정안전부(행안부)가 검·경 수사권 조정에 합의한다. 법무부와 행안부가 합의 주체가 된 것은 국가행정기관의 설치 및 직무 범위를 정해놓은 정부조직법상 검찰청은 법무부 소속이고, 경찰청은 행안부 소속이기 때문이다.

그리고 당시 여당이었던 더불어민주당(민주당)은 제1야당이던 자유한국당(국민의힘 전신)의 강한 반대 속에 2019년 12월 30일 공수처법(고위공직자범죄수사처 설치 및 운영에 관한 법률)과 이듬해 1월 13일 검·경 수사권 조정법안(형사소송법 개정안, 검찰청법 개정안)을 통과시킨다. 고위공직자 범죄를 전담하는 공수처 설치로 1954년 형사소송법 제정 뒤 견고하게 유지돼 온 검찰의 기소독점 체제가 깨지고, 수사권 조정으로 같은 기간 이어져 온 검찰과 경찰의 수직적 관계에 변화가 생기게 된 것이다.

2021년 1월 공수처가 출범하면서, 고위공직자 범죄에 대한 수사 우선권은 공수처가 갖게 됐다. 공수처법 시행 전에는 관련 수사를 주로 검찰이 해왔다. 공수처 수사 대상은 대통령, 국회의원, 판사·검사, 특별·광역시장, 도지사, 교육감, 경무관 이상 경찰, 장성급 장교 등이다. 다만, 공수처는 이들 고위공직자 가운데 판·검사와 경무관 이상 경찰만 직접 기소할 수 있다. 나머지 고위공직자에 대해선 수사는 할 수 있지만, 기소는 할 수 없다. 공수처가 직접 기소할 수 없는 사건은 여전히 검찰이

검사 수사개시 범죄 범위 개정

부패·경제범죄 재분류 ────────────────

기존 부패·경제범죄 외의 유형에 속하는 것으로 분류된 범죄도 성격에 따라
부패·경제범죄로 재분류

· **부패범죄**: 직권남용, 허위공문서 작성, 뇌물, 매수 및 이해유도, 기부행위 등
· **경제범죄**: 마약류 유통, 폭력 조직, 기업형 조폭, 보이스피싱 등

중요범죄 유형 정비 ────────────────

· **중요범죄**: '사법질서 저해범죄', '검사에게 고발·수사의뢰하도록 한 범죄'

시행규칙(법무부령) 폐지 ────────────────

신분, 금액 등으로 수사 개시범위 2중으로 제한하는 현행 시행규칙 폐지 →
검찰청법에서 위임받은 중요 범죄 내용 대통령령인 시행령에서 일원적 규정

ⓒ법무부

기소권을 갖는다.

공수처 설치로 검찰의 기소독점을 깨뜨리고, 검찰의 '제 식구 감싸기'
수사를 견제할 수 있는 발판이 마련됐다면, 검·경 수사권 조정은 검찰에
과도하게 쏠린 권한을 해체하는 작업이었다. 그동안 제한 없이 이뤄져
온 검찰의 직접 수사는 수사권 조정법안 통과로 2021년 1월부터 6대 범
죄(부패·경제·공직자·선거·방위사업·대형참사)로 축소됐다. 경찰에 대한 검찰의 수
사지휘권도 폐지됐다. 경찰은 검찰이 직접 수사 할 수 있는 6대 범죄 외
의 일반 형사사건에서 수사종결권도 갖게 됐다. 다만, 경찰 수사에 대한
통제 방안으로 영장청구권은 검찰에 그대로 남겨 됐고, 검찰이 경찰에
보완수사와 재수사를 요구할 수 있도록 했다. 정리하자면, 검·경 수사권

조정은 △검찰의 직접 수사 범위 축소 △검사의 수사지휘권 폐지 △경찰에 1차 수사종결권 부여로 압축된다.

검찰 힘 빼다 보니 비대해진 경찰 권력,
경찰국 논란으로까지 이어져

수사권 조정을 통해 검찰에 집중된 권한을 경찰로 넘기다 보니, 또 다른 문제가 생겨났다. 바로 '공룡 경찰'의 탄생이었다. 풍선 한쪽을 누르면 다른 한쪽이 부풀어 오르는 것과 같은 이치다. 검찰권을 축소하니, 경찰권이 강화된 것이다. 이에 대한 보완책으로 마련된 것이 바로 자치단체의 권한과 책임 하에 지역주민의 치안업무를 자주적으로 수행하는 '자치경찰제'다.

기존 경찰 조직은 일원화된 구조였다. 경찰청을 정점으로 지방경찰청, 경찰서, 지구대로 이어지는 중앙집권적 피라미드형이었다. 하지만 2021년 7월부터 시행된 자치경찰제로 경찰 조직은 △국가경찰 △수사경찰(국가수사본부) △자치경찰로 삼원화됐다. 경찰청장의 지휘 아래 일사불란하게 움직여온 경찰이 자치경찰제 시행으로 국가경찰은 경찰청장, 수사경찰은 국가수사본부장, 자치경찰은 시·도 자치경찰위원회의 지휘를 받게 된 것이다.

담당 업무를 보면, 자치경찰은 기존 경찰 업무 가운데 주민생활안전(여성·아동·청소년 보호 및 범죄 예방, 안전사고 예방, 긴급구조)과 교통(교통법규 위반 및 음주운전 단속) 등 민생과 관련한 분야를 맡는다. 수사경찰은 말 그대로 살인, 상해, 성범죄 등 수사업무를 담당하고, 국가경찰은 정보, 보안, 외사 등의 업무를 수행한다.

그러나 한편에서는 이런 지휘체계 분리만으로는 강화된 경찰 권한을 통제하기 어렵다는 목소리가 나온다. 앞서 언급한대로 수사권 조정에 따라 검찰의 직접 수사 범위가 제한되면서 6대 범죄 외의 수사는 경찰이 전담하게 됐고, 경찰은 검찰의 수사지휘도 받지 않게 됐으며,

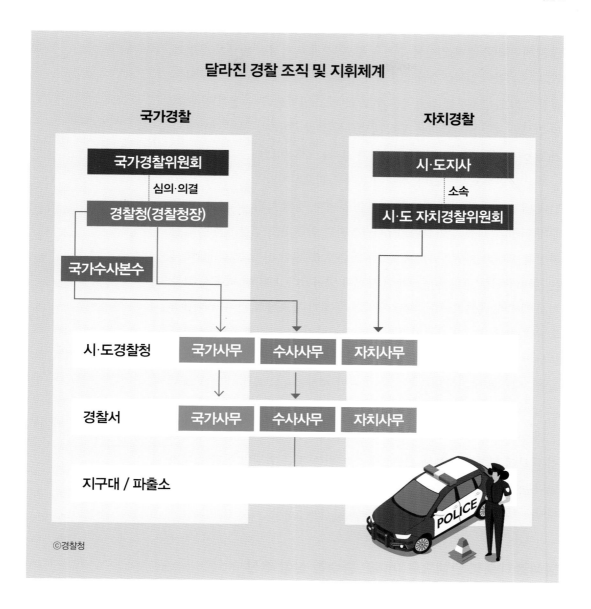

달라진 경찰 조직 및 지휘체계

국가경찰

국가경찰위원회

심의·의결

경찰청(경찰청장)

국가수사본수

시·도경찰청　국가사무　수사사무　자치사무

경찰서　국가사무　수사사무　자치사무

지구대 / 파출소

자치경찰

시·도지사

소속

시·도 자치경찰위원회

ⓒ경찰청

수사종결권도 갖게 됐기 때문이다. 더욱이 경찰은 2024년부터 국가정보원으로부터 간첩수사로 대표되는 대공수사권까지 넘겨받는다. 경찰권 통제 필요성이 더욱 커진 것이다. 이런 이유에서 만들어진 것이 바로 '경찰국'이다.

　윤석열 정부는 올해 8월 행안부 내에 경찰국을 신설했다. 윤석열 대통령은 지난 6월, 경찰국 신설 추진을 두고 '경찰 독립성을 침해할 우려가 있다'는 논란이 일자, "경찰보다 더 중립성과 독립성이 강하게 요구되는 검찰 조직도 법무부에 검찰국을 두고 있다"고 반박했다. 검찰의 경우 검찰 인사와 예산을 담당하는 조직인 법무부 검찰국이라는 문민 통제장치가 있지만, 경찰에는 이런 견제 장치가 없다는 주장이었다.

하지만 반론도 만만찮다. 경찰권 통제도 필요하지만, 그 방식이 '1980년대 내무부 경찰국'이 돼선 안 된다는 것이다. 경찰 독립의 역사는 민주주의 역사와 궤를 같이한다. 1990년까지만 하더라도 경찰청은 독립된 외청이 아니라, 내무부(행안부 전신) 치안본부였다. 이 시기 한국사회에서는 경찰에 의한 수많은 인권유린 사건이 일어났다. 1987년 박종철 고문치사 사건이 대표적이다. 특히 이 사건을 계기로 경찰의 정치적 중립과 독립에 대한 국민적 요구가 들불처럼 번져나갔고, 그 결과 1991년 치안본부는 내무부에서 독립해 경찰청으로 분리됐다. 행안부 내 경찰국 신설을 두고, 과거 치안본부를 독립 외청인 경찰청으로 확대 개편한 취지를 30여 년 만에 되돌리는 것이라는 비판이 나오는 이유다.

더욱이 1991년 정부조직법상 행안부 장관 사무에서 '치안'이 지워졌기 때문에 시행령을 통해 경찰국을 신설하는 것은 현행법 위반 소지가 있다는 주장도 제기된다. 법무부 검찰국은 상황이 다르다. 정부조직법에 법무부 장관 사무로 '검찰'이 명시돼 있기 때문이다.

윤석열 대통령 탄생으로 이어진 중수청 신설 추진

2021년 초, 공수처 설치와 검·경 수사권 조정작업을 마친 민주당은 이른바 '검찰개혁 시즌2'를 추진한다. 공수처와 수사권 조정 안착이 우선이라는 비판이 많았지만, 당내 일부 강경파들이 검찰의 수사권을 완전히 폐지하는 수사-기소 분리(검수완박) 입법 드라이브를 건 것이다. 당시는 윤석열 검찰총장과 정부·여당과의 갈등이 극에 달하던 시기였다. 문 대통령은 취임 직후 윤 총장을 적폐청산과 검찰개혁 적임자로 보고 서

issue **02** '용산 시대' 개막

● ● ● ● ●

올해 3월, 1987년 대통령 직선제 도입 이후 처음으로 의회 경험이 없는 '0선' 대통령이 탄생했다. 소신과 원칙에 기반한 수사로 '뚝심의 승부사'라는 수식어를 얻은, 검찰총장 출신 윤석열 대통령이었다.

'0선' 정치 신인, 8개월 만에 '대통령'으로

3월 3일 국민의당 안철수 대선 후보가 국민의힘 윤석열 후보와의 '단일화'를 전격 선언하고 사퇴한 뒤, 20대 대선은 정의당 심상정 후보까지 3자 구도로 치러졌다.

> "저희 두 사람은 '원팀'입니다. 국민통합정부를 반드시 만들고 성공시키겠습니다." (지난 3월 3일, 안철수·윤석열 후보 '단일화 공동선언문')

제3지대 유력 주자가 없었던 가운데 사실상 보수와 진보, 양 진영의 대결로 세 결집이 극대화 했다. 수도권 판세는 '초박빙'이었지만 영·호남은 뚜렷하게 지지 성향의 차이를 보였다.

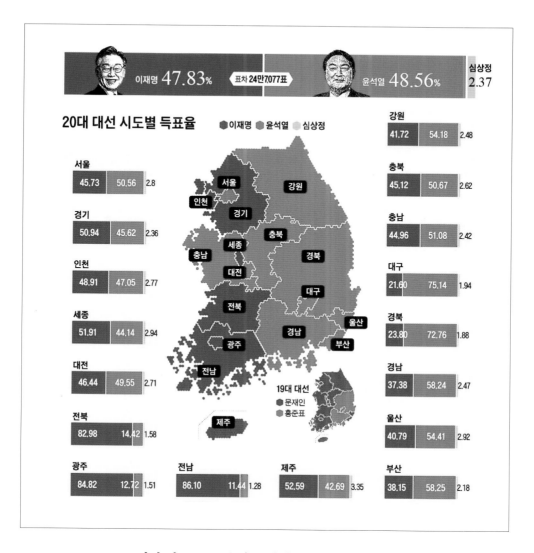

이재명 47.83% 표차 24만7077표 **윤석열 48.56%** 심상정 2.37

20대 대선 시도별 득표율 ●이재명 ●윤석열 ●심상정

강원
| 41.72 | 54.18 | 2.48 |

서울
| 45.73 | 50.56 | 2.8 |

충북
| 45.12 | 50.67 | 2.62 |

경기
| 50.94 | 45.62 | 2.36 |

충남
| 44.96 | 51.08 | 2.42 |

인천
| 48.91 | 47.05 | 2.77 |

대구
| 21.60 | 75.14 | 1.94 |

세종
| 51.91 | 44.14 | 2.94 |

경북
| 23.80 | 72.76 | 1.88 |

대전
| 46.44 | 49.55 | 2.71 |

경남
| 37.38 | 58.24 | 2.47 |

19대 대선
●문재인
●홍준표

전북
| 82.98 | 14.42 | 1.58 |

울산
| 40.79 | 54.41 | 2.92 |

광주
| 84.82 | 12.72 | 1.51 |

전남
| 86.10 | 11.44 | 1.28 |

제주
| 52.59 | 42.69 | 3.35 |

부산
| 38.15 | 58.25 | 2.18 |

여야 어느 쪽도 승리를 장담할 수 없는 피 말리는 접전 끝에 보수 진영이 승기를 꽂았다. 5년 만의 정권 교체였다. 국민의힘 윤석열 후보는 24만 7,077표 차로 더불어민주당 이재명 후보를 눌렀는데, 불과 0.73% 포인트에 당락이 갈렸다. 당시 개표율이 95%를 넘어설 때까지 당선인을 확정하지 못하는 초접전 양상이 이어졌다.

"뜨겁고 열정적인 레이스였다. 오늘의 결과는 위대한 국민의 승리가 아닌가 생각한다."(지난 3월 10일, 윤석열 대통령 당선인 소감)

코로나19 확산과 문재인 정부의 부동산 정책 실패 등 엄중한 민생 위기 앞에 국민은 정권 연장 대신 심판에 더 힘을 실었다. 박근혜 전 대통령 탄핵 사태로 존폐 위기에 몰렸던 보수 진영으로선, '윤석열'이라는 정치 신예를 새 간판으로 내걸고 반등에 성공한 셈이다.

윤석열 당선인은 여러 가지 이례적인 기록을 썼다. '장외 0선', '검찰총장' 출신 첫 대통령이었고, 지난해 6월 29일 정권 교체를 기치로 대권 도전을 선언한 지 약 8개월 만에 이뤄낸 성과였다. 문재인 정부에서 발탁했던 인사가 보수 진영의 기수가 돼, 정권 교체 '10년 주기론'을 깬 점 또한 이목을 끌었다.

'윤석열 시대'의 시작, 핵심 가치는 '자유'

지난 5월 10일 0시, 도심에 울려 퍼진 보신각 타종 소리와 함께 '윤석열 대통령 시대'가 새롭게 막을 올렸다.

국정 운영의 핵심 가치는 '자유'. 윤 대통령은 16분 분량의 취임사에서 35차례나 자유를 언급했다. 자유의 가치를 공유하는 것이 당면한 위기와 난제를 해결할 열쇠라고 강조한 것이다.

민주주의의 위기를 초래한 원인으로는 '반反 지성주의'를 지목했다. 자신이 원하는 사실만 선택하거나 다수의 힘으로 상대의 의견을 억압하는 행위를 '반 지성주의'로 분류했는데, 윤 대통령의 소신을 함축적으로 녹인 표현이었다. 반면 대통령 취임사의 단골 소재인 '통합'은 취임사에 언급되지는 않았다.

대통령 집무실이 있는
서울 용산구 국방부 청사
ⓒ연합뉴스

정치·경제·생태의 삼각 축을 갖춘 미래 서울의 중심으로 도약할 수 있도록 제대로 준비하겠다"고 강조했다.

청와대 74년 만에 국민 품으로

5월 10일 윤석열 대통령 취임과 함께 '권력의 심장'이었던 청와대는 74년 만에 전면 개방됐다.

청와대(서울 종로구 세종로 1번지)는 고려시대 남경의 이궁 터였다고 한다. 조선 태조 4년(1395년) 경복궁이 창건되며 궁궐 후원으로 사용됐다. 일제 강점기 조선총독부는 경복궁을 청사 건물로 사용하면서 지금의 청와대 부지를 공원으로 조성했다. 조선총독부는 1939년 이곳에 건물을 짓고 총독 관사로 이용하기 시작했다. 1948년 정부 수립 이후 이승만 전 대통령이 '경무대'라는 이름을 짓고, 관저·대통령 집무실로 이 건물을 사용하

청와대의 역사 및 소개

청瓦臺
청 와 대
푸른 기와 대

청와대
대한민국
청 와 대

① 청와대 본관
1991년 9월 신축

1층 : 영부인집무실, 접견실,무궁화실, 인왕실
1층 별채 : 충무실, 세종실
2층 대통령 : 집무실, 접견실, 백악실, 집현실
잔디마당 : 국민환영 행사 및 육·해·공군 의장대,
전통복식을 입은 전통의장대의 사열

고려시대 → 조선시대 → 일제강점기 → 광복이후 → 대한민국 정부 수립
남경의 이궁   경복궁 후원   조선총독 관사   미군정사령부
                                          하지 중장 관사

경무대 경내 일부 공개 ─ 이승만 대통령 ─ 경무대 명명
선별적 청와대 경내 개방 ─ 윤보선 대통령 ─ 청와대로 개명
1968년 1.21사태 이후 청와대 인근 지역 전면 통제 ─ 박정희 대통령
선별적 청와대 경내 개방 ─ 노태우 대통령 ─ 본관, 관저 신축
인왕산 등산로 청와대 주변 도로 개방, 무궁화동산 조성 ─ 김영삼 대통령 ─ 구 청와대 건물 철거
청와대 경내 방문 대상 제한 철폐, 칠궁 개방 ─ 김대중 대통령
북악산, 경복궁 북문 일대 개방 ─ 노무현 대통령
                              이명박 대통령
                              박근혜 대통령
청와대 앞길 24시간 개방, 북악산 전면 개방 ─ 문재인 대통령
집무실 용산 이전, 청와대 전면 개방 ─ 윤석열 대통령

② 영빈관 1978년 12월 준공
대규모 회의, 외국 국빈들 공식행사

지도
조선 시대에
왕을 낳은 후궁들의
위패를 모신 곳

칠궁
의무실
③ 관저
④
⑤ 상춘재
⑥ 녹지원
청와대
정문
무궁화동산
② 영빈관
경호실
① 청와대 본관
2관 여민1관
경호실 ⑦
사면관
연풍문 3관 ⑧
헬기장
춘추관
시화문
연무관
효자동
삼거리
분수대
청와대 사랑방
옛 비서실장 공관
경복궁

③ 관저 1990년 10월 완공
대통령 침실, 주방, 식당, 비서진 공간
간이 집무실, 간이 의무실

④ 수궁터, 구 청와대 본관 터
고려시대 남경 이궁인 수궁의 터,
조선시대 경복궁 후원

⑤ 상춘재 1983년 4월 준공
전통 한옥 건물로 외빈 접견, 비공식 회의 장소

⑥ 녹지원 1968년 조성
청와대 경내에서 가장 아름다운 곳
역대 대통령 기념식수 및 120여 종의 나무 있음.

④ 구 청와대 본관 1993년 11월 철거
일제 시대 총독관사
미군정 사령부 하지 중장의 거처로 사용
대한민국 정부 수립 이후에는
경무대, 청와대로 이름이 바뀌어 가며
대통령 집무실 겸 관저로 사용.

⑦ 비서실
여민1관 2004년 완공
대통령 간이집무실 등 주요 시설
여민2관 1969년 건립(구 신관)
여민3관 1972년 건립(구 동별관)

⑧ 춘추관 1990년 완공
대통령 기자회견, 출입기자 기사 송고실

조선시대 수도 한양의 북쪽
주산이었던 북악산과 경복궁
사이에 있는 청와대 권역이
시민에게 개방된다. 사실상
'금단의 땅'이었던 청와대
곳곳을 자유롭게 관람할 수 있게
되었다.
ⓒ청와대

게 된 것이 지금 청와대의 시작이라고 할 수 있다.

'푸른 기와집'을 뜻하는 청와대靑瓦臺 명칭을 가장 먼저 사용한 것은 윤보선 전 대통령이다. 윤 전 대통령은 1960년 당시 4·19 혁명 분위기 속에 경무대가 지닌 부정적 인식을 고려해 이름을 바꿨다. 이후 박정희·최규하·전두환·노태우·김영삼·김대중·노무현·이명박·박근혜·문재인 정부에 이르기까지 62년의 세월 동안 청와대는 곧 최고 권력을 상징하는 이름으로 통했다.

청와대는 역사의 중요한 변곡점에서 주요 무대로 활용됐다. 1968년 1월 21일 김신조를 비롯한 북한 무장대원 31명이 박정희 전 대통령과 정부 요인 살해를 목표로 청와대 뒷산으로 침투한 이른바 '1·21 사태'가 일어났다. 당시 무장대원들이 침투한 이른바 '김신조 루트'는 최근 북악산 개방 결정을 통해 일반 시민들도 방문할 수 있는 곳이 됐다. 1979년 10월에는 박정희 전 대통령이 청와대 부지 내 궁정동 안가에서 김재규 당시 중앙정보부장이 쏜 총탄에 맞고 숨지는 '10·26 사태'가 벌어졌다. 청와대는 최고 권력이 머물게 되면서 국민에게 내밀하고 위압적인 이미지가 굳어졌다. 국가원수에 대한 철저한 경호 등이 겹치며 대통령과 시민들의 접점은 점차 줄어들었고, 결국 정권이 반복될 때마다 '구중궁궐' 논란에 휩싸였다.

미남불·오운정·침류각……, 청와대 유적과 건물은

조선시대 경복궁 후원이던 청와대 경내에는 61점의 문화유산이 분포돼 있다. 청와대에서 가장 유명한 문화재는 2018년 보물로 지정된 '경주 방형대좌 석조여래좌상'이다. 경복궁 후원이라는 역사적 성격과 어울리지 않는 이 신라 불상은 9세기에 조성된 것으로 추정되며, '미남불'로도 불린다. 높이 108cm, 어깨너비 54.5cm, 무릎너비 86cm로 풍만한 얼굴과 약간 치켜 올라간 듯한 눈이 특징이다. 경주 석굴암 본존불과 양식이 유사하며, 당당하고 균형 잡힌 모습을 띠고 있다.

불상은 본래 경주 사찰에 있었던 것으로 짐작된다. 데라우치 마사타케寺內正毅 조선 총독이 1913년 불상을 서울 남산 총독 관저로 옮기면서 타향살이를 시작했고, 새 총독 관저가 청와대 권역에 들어서면서 1930년대 또다시 이전됐다.

오운정伍雲亭과 침류각枕流閣은 모두 서울시 유형문화재다. 오운정은 흥선대원군이 경복궁을 중건할 때 세웠다고 전하나, 확실치는 않다. 현판 글씨는 이승만 초대 대통령이 썼다고 알려졌다. 침류각은 앞면 4칸, 옆면 2칸 반인 전통 건축물이다. 20세기 초반에 준공했다고 하지만, 정확한 건립 시기는 알 수 없다.

관저 인근에는 청와대가 오래전부터 명당으로 인식됐다는 사실을 알려주는 '천하제일복지天下第一福地'각석刻石, 돌에 새긴 글씨도 있다. 세상에서 가장 복된 땅이라는 뜻이다.

청와대 권역 서쪽에는 조선시대 왕이나 왕으로 추존된 인물을 낳은 후궁 7명의 신위를 모신 사당인 '칠궁七宮'이 있다. 칠궁에 신위가 있는 후궁으로는 영조를 낳은 숙빈 최씨와 숙종 후궁이자 경종 생모인 희빈 장씨 등이 있다.

청와대에 있는 자연유산 중에는 740년간 산 것으로 추정되는 수궁 터 주목朱木의 명성이 자자하다. 주목은 '살아 천년, 죽어 천년'이라고 하는 나무다. 박상진 경북대 명예교수는 청와대 경호처가 2019년 펴낸 《청와대의 나무와 풀꽃》에서 "고려 충렬왕 재위기인 1280년에 태어났다. 수궁 터 주목은 줄기 대부분이 죽어버리고 한 뼘 남짓한 폭으로 띠처럼 이어진 일부 줄기만 살아 있다"고 설명했다.

침류각 영역에는 메타세쿼이아 3그루와 낙우송 7그루가 모여 있다. 키가 20m를 넘는 큰 나무들이 모여 있어 풍광이 독특하다. 침류각으로 올라가는 계단에는 소담스러운 흰색 꽃이 피는 모란이 양쪽에 있다.

청와대에서 가장 아름다운 정원으로 꼽히는 '녹지원'에는 역대 대통령들이 심은 나무를 포함해 100종이 넘는 나무가 자라고 있다.

데, 조 바이든 미국 대통령의 첫 행선지는 삼성전자 반도체 공장이었다. 윤 대통령 역시 미국이 한국, 일본, 대만에 제안한 4자 간 반도체 공급망 협의체, '칩4' 예비회의 참여로 화답했다. 미국을 향해 선명한 청신호를 보내며 '포괄적 전략 동맹' 구축에 나선 것이다.

주변국과의 관계 재설정도 시도했다. 한국 정상으로는 처음 북대서양조약기구NATO, 나토 정상회의에 참석한 것이 대표적이다. 이를 계기로 한·미·일 정상회의를 갖고 북핵 문제 등 현안에 3각 공조를 강화하기로 뜻을 모았다. 한일 관계 복원을 위한 시동이기도 했다. 그러나 이 같은 움직임이 중국과의 관계에서는 리스크를 증가시키면서, 균형점 모색이 새로운 과제로 떠올랐다.

나가며

윤석열 정부는 경제적 불안정성과 안보 위협 등 대·내외적 위기 속에 출범했다. 안으로는 지역, 세대, 젠더 그리고 빈부격차 등에 따른 사회적 갈등 해소와 공정의 가치 구현이 난제로 놓였다. 각종 개혁 과제를 완수하려면, 거대 야당과의 협치 역시 넘어야 할 산이다.

겹겹이 쌓인 도전 과제 앞에 윤 대통령의 리더십은 시험대에 올랐다. 다양한 '파격'을 시도했지만, 아직까지 뚜렷한 국정 비전을 제시하지는 못했다는 평가도 나온다. 진정한 의미의 '새 시대'를 열어가기 위해, 끊임없이 국민의 목소리에 귀를 기울여야 할 때이다.

"정치의 요체 중 으뜸은 국민의 신망을 얻는 것이다."(공자, B.C.551~B.C.479)

48.36

87

68.47

SCANNING COMPLETED

3高
(고환율·고물가·고금리)

김승훈
서울신문 기자

고려대 국문과를 졸업했다. 사회부, 탐사보도팀, 산업부, 문화부,
경제부 등을 거쳐 현재 정치부 차장으로 국회 출입을 하고 있다.
서울시 출입 기자단 간사 등을 역임했다. 저서로 《김 기자 어떻게
됐어?》, 《고교생이 알아야 할 시사상식 11(2017년)》, 번역서로는
《비욘드 코로나, 뉴비즈니스 생존 전략》이 있다.

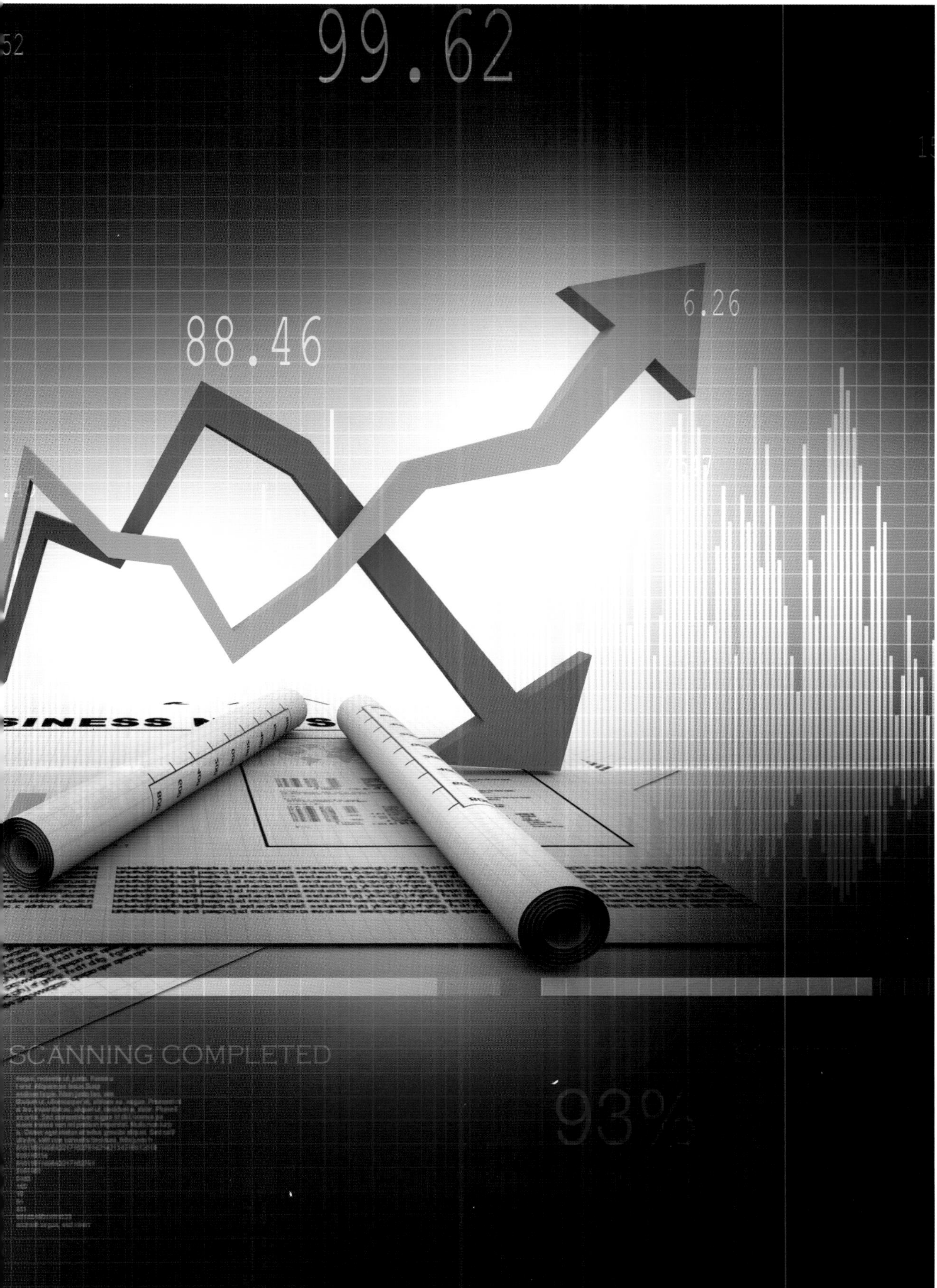
99.62
88.46
6.26
SCANNING COMPLETED
93%

issue **03**   **3高(고환율·고물가·고금리)**

한국 경제에 고환율·고물가·고금리의 '3고高' 쓰나미가 몰아쳤다. 미국의 공격적인 금리 인상으로 '킹 달러'(달러 초강세) 현상이 심화하면서 원·달러 환율은 금융위기급으로 치솟았다. 고물가·고금리로 어려움을 겪는 한국 경제에 '고환율 쇼크'까지 더해지며 경기침체 속 물가가 상승하는 '스태그플레이션'에 대한 우려도 커졌다. 원·달러 환율 급등으로 원자재 수입 가격이 급증하면서 무역수지가 악화하는 가운데, 폭등한 수입 물가가 생산비 상승에 따른 추가적인 국내 물가 상승을 부채질하기 때문이다.

국제통화기금IMF 외환위기 이후 24년여 만에 가장 높은 물가와 이에 따른 고금리로 신음하는 우리 경제에 '고환율→고물가→고금리'의 연쇄 충격이 불가피해졌다. 고환율은 물가 상승을 견인하고, 고물가는 금리 인상으로 이어지는 '도미노 충격'이 한국 경제를 옥죌 것이라는 의미다. 고물가와 고금리는 소비를 둔화시키고 기업 투자를 위축시킬 수밖에 없고, 무역수지도 적자 행진을 지속, 우리 경제는 말 그대로 탈출구를 찾기 어려운 내우외환 위기에 처했다.

'킹 달러' 금융위기급 환율 치솟아

원·달러 환율이 천정부지로 치솟고 있다. 올해 6월 23일 약 13년 만에 1,300원을 돌파한 이후 약 3개월 만에 1,400원 선까지 뚫었다.

9월 26일 서울 외환시장에서 원·달러 환율은 전날보다 22원 폭등한 1,431.3원에 거래를 마쳤다. 원·달러 환율이 하루 사이 20원 넘게 오른 건 코로나 사태 충격이 최고조에 달한 2020년 3월 19일 이후 2년 6개월 만이다. 원·달러 환율은 9월 22일 1,409.7원에 거래를 마치며 1,400원을 넘어선 뒤 불과 2거래일 만에 1,430원대 진입했다. 1,430원대 이상의 환율은 13년 6개월 전인 2009년 3월 17일(1,440원) 이후 처음이다.

환율은 올해 6월 23일 1,300원 돌파 후 △7월 6일 1,310원 △7월 15일 1,320원 △8월 22일 1,330원·1,340원 △8월 29일 1,350원, △9월 4일

2022년 9월 22일 원/달러 환율이 13년 6개월 만에 1,400원을 돌파했다. 이는 금융위기 당시인 2009년 3월 31일 이후 처음이다.
ⓒ서울외환시장

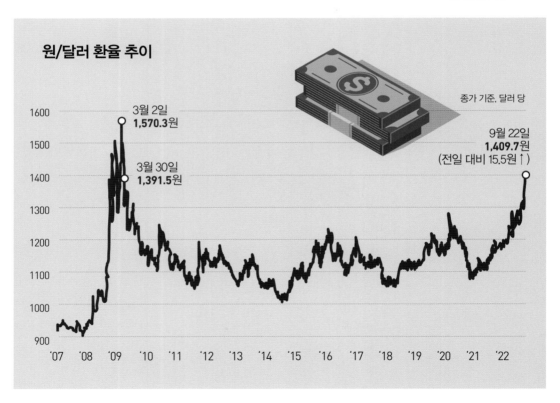

원/달러 환율 추이

종가 기준, 달러 당

3월 2일
1,570.3원

3월 30일
1,391.5원

9월 22일
1,409.7원
(전일 대비 15.5원↑)

1,360원, △9월 5일 1,370원, △9월 7일 1,380원, △9월 14일 1,390원, △9월 22일 1,400원을 차례로 뚫으며 '빅 피겨'(큰 자릿수)를 깨고 고점을 높여왔다.

1997년 외환위기 때 1,964.8원을 기록한 이후 원·달러 환율이 1,300원을 넘어선 건 2001년 닷컴버블 붕괴, 9·11 테러, 2008년 리먼브러더스 파산으로 인한 글로벌 금융위기 등 대부분 심각한 위기 국면이었다.

원화 약세 원인으로는 미국 연방준비제도이사회Fed, 연준의 금리 인상과 고강도 긴축에 따른 달러 강세 영향이 꼽힌다.

한때 완화가 기대됐던 달러 강세는 제롬 파월 연준 의장의 올해 8월 26일(현지 시간) 미국 와이오밍주 잭슨홀에서 열린 경제정책 심포지엄(잭슨홀 미팅) 연설 이후 다시 촉발됐다. 시장은 연준의 정책 전환을 기대했지만 파월 의장은 "인플레이션(물가상승)이 통제되고 있다고 자신할 때까지 금리를 계속 올리겠다"고 했다. 이후 강도 높은 긴축을 시사하는 연준 인사들의 매파(통화 긴축 선호)적 발언까지 이어지면서 '슈퍼 달러'가 지속되고 있다.

중국의 경기 둔화도 원화 약세에 영향을 미치고 있다. 중국의 경기 예측은 갈수록 어두워지고, 상대적으로 미국 경제의 전망이 밝아 달러 강세, 위안화 약세가 나타나는 것도 원화 가치 하락을 부채질하고 있다. 코로나19 재확산에 따른 록다운(도시 봉쇄) 등으로 중국 경기에 대한 우려가 커졌고 이에 따른 위안화 약세가 나타났다. 위안화 약세는 수출 등에서 중국에 대한 의존도가 높은 한국의 원화 약세로 이어진다.

무역수지 적자 확대도 원화 약세의 한 원인으로 지목된다. 올해 들어 8월까지 누적 무역적자는 247억 2,300만 달러로 역대 최대 규모다. 무역수지 적자는 들어오는 달러보다 나가는 달러가 더 많다는 것으로, 국내 달러 공급을 줄여 원·달러 환율 상승을 유발한다.

올 겨울 우려되는 액화천연가스LNG 대란도 원화 약세 악재로 작용할 수 있다. 러시아가 유럽으로의 가스 공급을 중단하면 LNG 가격은 올라가고, 대부분 에너지를 수입하는 우리나라는 더 많은 달러가 필요해지기 때문이다.

주요국 통화 가치가 모두 하락(환율 상승)하고 있지만, 원화는 더 가파르게 추락하고 있다. 8월 25일 1,331원 정도였던 환율은 제롬 파월 연준 의장의 '잭슨홀 미팅' 발언 이후 8거래일 만인 9월 7일 1,384.2원까지 급등했다. 파월 발언 이후 52.9원이나 올랐다. 한국은행에 따르면, 9월 들어 6일까지 달러 대비 원화 가치 하락률은 2.5%로 엔화(-1.9%), 위안화(-0.7%), 유로화(-0.7%)보다 높았다. 올해 들어 무역적자가 커지고, 막대한 가계 부채와 경기침체 우려로 기준금리를 미국만큼 빠르게 올리지 못하고 있기 때문이다. 준準기축통화로 대접받는 유로화, 엔화와 달리 원화는 신흥국 통화에 속해 불안감이 더 큰 것도 원인이다.

'고환율=수출 호재'는 옛말

고환율이 한국 기업에 축복으로 불렸던 시대가 저물고 있다. 과거와 달리 환율 상승이 우리 기업에 큰 호재가 되지 못하고 있다. 환율 급등으로 원자재 수입 비용이 크게 늘었고, 수출 경쟁국 통화 가치도 동반 하락하면서 가격 경쟁력 제고 효과가 사라졌기 때문이다.

고환율은 기업들의 가격 경쟁력을 높여 수출 증가로 이어진다는 것이 과거 통념이었다. 하지만 올해 무역수지는 수출이 둔화하고 수입이 급증한 영향으로 역대급 적자 행진을 이어가고 있다. '원화 약세가 수출에 유리하고, 무역수지 흑자를 늘린다'는 기존 공식이 작동하지 않는 것이다. 이런 현상의 가장 큰 원인은 환율 급등으로 에너지와 부품 등 생산요소 수입 단가가 대폭 올랐기 때문이다.

중소기업중앙회가 올해 6월 중소기업 508곳을 대상으로 실시한 설문 결과에 따르면 환율 급등으로 피해가 발생했다고 답한 기업은 30.5%나 됐다. 이익이 발생했다는 기업은 19.1%에 불과했고, 50.4%는 영향이 없다고 응답했다.

수출입 추이 단위: 억 달러

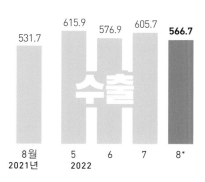

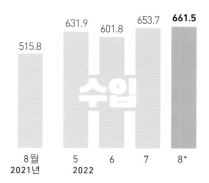

무역수지 추이 단위: 억 달러

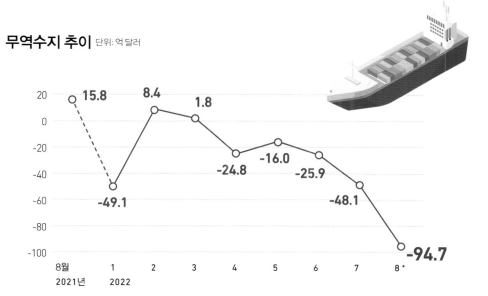

2022년 3월 기준 수출입, 무역수지 추이 ⓒ산업통상자원부

대기업이나 중견기업들도 마찬가지다. 환율이 오르면 기업 입장에서는 원재료 매입 비용이 급등하고 달러 부채나 투자 비용이 오르는 등 어려움을 겪는다.

달러로 유류비와 항공기 리스료, 정비료 등을 지급하는 항공사들은 고환율의 직격탄을 맞았다. 원유 도입 과정에서 대규모 채권을 발행하는 정유업계는 금리 인상에 따라 이자 부담이 커지고, 자동차 업계는 환율 상승에 따른 매출 증가와 원자재가격 상승에 따른 원가 부담 증가가 얽혀 득실을 따지기 어렵다.

그러나 수출을 늘리는 효과는 이전보다 미미하다. 한국무역협회 국제무역통상연구원이 2000년 이후 올해까지 무역 실적을 분석한 결과 원자재 가격과 환율이 각각 10% 상승하는 경우 수입은 3.6% 증가하지만 수출은 0.03% 늘어나는 데 그쳤다. 원자재가격과 환율이 상승할 경우 수출보다 수입 증대 효과가 더 크다는 것이다.

환율 상승으로 상품수지 10년 3개월 만에 적자

환율 급등으로 수입 부담이 급증하면서 국제수지는 빠른 속도로 악화하고 있다. 한국은행에 따르면 7월 경상수지는 10억 9,000만 달러 흑자로 잠정 집계됐는데, 지난해 7월 77억 1,000만 달러의 7분의 1로 급감했다. 2011년 5월(79억 달러 감소) 이후 역대 두 번째로 감소 폭이 컸다.

무엇보다 경상수지를 구성하는 4가지 항목 가운데 가장 큰 비중을 차지하는 상품수지가 급격히 악화했다는 것이 문제다. 올해 들어 역대 최대 규모의 무역적자가 발생했는데도 상품수지는 매달 흑자를 보였는데, 7월 결국 11억 8,000만 달러 적자로 전환했다. 상품수지가 적자를 낸 건 2012년 4월(3억 3,000만 달러 적자) 이후 10년 3개월 만이다.

경상수지는 일정 기간 외국과 상품, 서비스, 임금, 배당소득 등을 거래해 발생한 차액을 말한다. 경상수지에 포함되는 상품수지는 상품의 소유권 이전을 기준으로 무역 통계를 내지만 무역수지는 관세청이 매월 발표하는 통관 기준으로 수출입을 계상한다.

상품수지는 국경 통관을 기준으로 삼는 무역수지와 달리 국내 기업의 해외 공장에서 수출하는 물량까지 포함해서 계산한다. 삼성전자의 베트남 공장에서 만든 스마트폰을 미국으로 수출하면 무역수지 집계에서는 제외되지만, 상품수지에는 포함된다. 경상수지에서 가장 큰 비중을 차지하는 상품수지가 적자라는 건 이런 해외에서의 수출분까지 합쳐도 대외 상품 교역에서 손해를 본다는 뜻이다.

올해 상반기 무역적자도 100억 달러를 웃돌며 상반기 기준 역대 최대 규모를 기록했다. 상반기 수출은 지난해 동기보다 15.6% 증가한 3,503억 달러, 수입은 26.2% 늘어난 3,606억 달러였다. 이에 따라 무역수지는 103억 달러(약 13조 원) 적자를 기록했다. 기존 상반기 역대 최대 무역수지 적자 기록은 1997년의 91억 6,000만 달러였다. 상·하반기를 통틀어 반기 기준으로는 1996년 하반기의 125억 5,000만 달러 적자가 최대 규모다.

고환율, 물가 가장 큰 타격

고환율의 부작용이 가장 두드러지게 나타나는 부분은 물가다. 고환율은 수입 물가를 끌어올려 국내 물가 상승 압력으로 작용한다. 국내 물가는 유가보다 환율에 더 큰 영향을 받는데, 환율이 오르면 수입 물가가 치솟으면서 국민 일상과 맞닿아 있는 모든 생활 물가가 덩달아 널뛰기 때문이다. 환율 상승은 수입 물가 상승→생산자물가 상승→소비자 물가 상승으로 이어진다. 환율 상승으로 수입 비중이 높은 농축수산물, 에너지, 원자재 등의 가격이 오르면서 국내 모든 생활 물가가 오르게 되는 것이다.

실제 올해 상반기(1~6월) 원·달러 환율 상승은 국내 소비자 물가를 0.4% 포인트 끌어올린 것으로 파악됐다. 한국은행의 '통화신용정책 보고서'에 따르면 원·달러 환율 상승이 올해 상반기 중 소비자 물가를

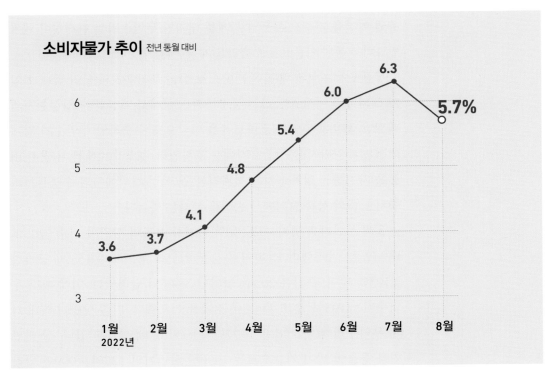

소비자물가 추이 전년 동월 대비

3.6 1월 2022년
3.7 2월
4.1 3월
4.8 4월
5.4 5월
6.0 6월
6.3 7월
5.7% 8월

2022년 8월 기준
소비자물가지수(108.62)는
작년 동월보다 5.7%
인상되었다. ⓒ통계청

0.4% 포인트 정도 높은 것으로 추정됐다. 올해 상반기 국내 소비자 물가(월별 물가지수 평균)는 지난해 상반기에 견줘 4.6% 올랐다. 이중 환율 변동으로 인한 수입 물가 상승이 전체 물가를 0.4% 포인트 끌어올렸다는 것으로, 환율 요인을 제외하면 상반기 물가 상승률(전년 동기 대비)이 4%대 초반에 머물렀을 것이라는 의미다.

전년 동월과 비교하는 소비자 물가를 보면 지난해 10월 3.2%로, 9년 8개월 만에 3%대로 올라선 뒤 11월 3.8%, 12월 3.7%, 올해 1월 3.6%, 2월 3.7%까지 5개월 연속 3%대를 보였다. 3월(4.1%)과 4월(4.8%) 4%대에 이어 5월 5.4%까지 오르면서 2008년 9월(5.1%) 이후 13년 8개월 만에 5%대 상승률을 기록했다. 이어 6월 6.0%, 7월 6.3% 두 달 연속 6%대 고공행진을 했다. 7월 물가 상승률은 1998년 11월(6.8%) 이후 23년 8개월 만에 최대다.

8월 들어 5.7%로 낮아지며 7개월 만에 물가 상승 폭이 둔화하긴 했지만 안심하기엔 이르다. 환율 상승세가 지속되는 데다 10월 전기·가스 요금 인상이 예정돼 있어 국민들이 체감하는 물가가 오를 수 있기 때문이다. 통계청에 따르면 8월 전기·가스·수도 물가는 전년 동월 대비 무려 15.7% 올랐다.

산업통상자원부와 한국전력은 전기요금 기준연료비를 10월부터 1kWh(킬로와트시)당 4.9원 인상한다. 정부는 2021년 말 전기요금 기준연료비를 1kWh당 9.8원 올리기로 했다. 올해 4월 1kWh당 4.9원이 올렸고 10월에 4.9원이 오른다. 가스요금도 10월부터 정산단가가 MJ(메가줄) 당 2.3원으로 0.4원 오른다.

전문가들 사이에서는 올해 물가 상승률이 5%를 넘어설 수 있다는 전망이 나온다. 연간으로 5%를 넘는 물가 상승률은 1998년(7.5%) 이후 24년 만이다. 글로벌 금융 위기 당시인 2008년 물가 상승률도 4.7%로 5%를 넘진 않았다.

코로나19 팬데믹으로 인한 글로벌 공급망 병목현상도 물가 상승 요인으로 작용했다. 과거 글로벌 아웃소싱으로 원가를 절감하던 생산 공정을 자국에서 높은 가격으로 대체하자 제품 생산비용이 상대적으로 상승한 것이다.

또 주요국 정부는 2020년 이후 코로나19 팬데믹으로 침체된 경기를 부양하기 위해 막대한 예산을 투입했다. 중앙은행은 기준금리를 0%대로 인하하고, 국고채를 매입해 시중 통화량을 크게 증가시키는 양적완화 정책을 시행했다. 이러한 확장적 재정정책과 통화정책이 2년간 지속되며 시장에 풀린 유동성은 돈의 가치를 떨어뜨리고 물가를 상승시켰다.

올해 초 러시아의 우크라이나 침공도 급격한 물가 상승에 일조했다. 러시아의 우크라이나 침공은 지정학적 위험을 가중시키면서 원자재 시장 가격을 견인했다. 특히 우크라이나와 러시아 모두 천연가스, 옥수수 등 주요 에너지 자원과 곡물을 수출하는 국가로 글로벌 원자재 시장에

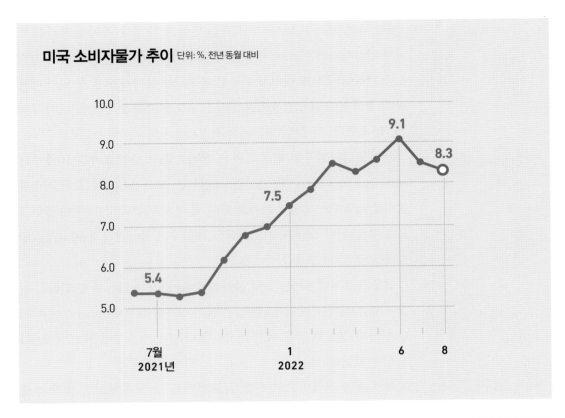

미국 소비자물가 추이 단위:%, 전년 동월 대비

10.0

9.1

9.0

8.3

8.0

7.5

7.0

6.0

5.4

5.0

7월
2021년

1
2022

6

8

미국 노동부는 2022년
8월 소비자물가지수CPI가
전년 동월보다 8.3%
급등했다고 밝혔다.
ⓒ미국 노동부

부정적인 공급 충격을 가했다.

전 세계가 물가와 전쟁

치솟는 물가는 한국만의 상황은 아니다. 주요 선진국들도 최근 높은
물가로 씨름하고 있다. 코로나19 팬데믹(세계적 대유행)으로 경기 부양을
위해 노력했던 각국 정부는 이제 돈줄을 죄면서 인플레이션을 잡기 위
해 노력하고 있다.

주요 선진국 모임인 경제협력개발기구OECD 통계에 따르면 7월
OECD 물가 상승률은 10.2%를 기록했다. OECD 물가 역시 올해 1월
7.2%에서 출발해 꾸준히 올랐다.

미국의 물가 상승률은 지난 3월 8.5%에 도달한 뒤 4월 8.3%, 5월 8.6%로 8%대 중·후반대를 오가다 6월 9.1%로 치솟았다. 그러다 7월 8.5%, 8월 8.3%로 다시 8%대로 내려왔지만 전망치를 웃도는 결과로 고공행진을 거듭하고 있다.

OECD 국가 가운데 물가 상승률이 가장 높은 곳은 단연 튀르키예(터키)다. 한국의 열 배가 넘는 물가상승률 수치다. 금리인하를 단행하는 등 '거꾸로 가는' 경제 정책이 인플레이션을 잡기는커녕 부채질하면서 4월부터 물가상승률이 70%를 넘어섰고 8월에는 80.2%를 기록했다. 이 외에도 에스토니아가 22.9%, 리투아니아가 21.6%, 라트비아가 21.5%(7월기준)의 물가상승률을 보였다.

언급된 국가들 모두 살인적인 인플레이션과 싸우고 있지만, OECD 밖은 더욱 가혹하다. 글로벌 경제 둔화가 상대적으로 경제의 기초체력이 튼튼한 선진국보다 위기에 취약한 개발도상국과 저개발국을 향하고 있어서다. 대표적으로 주요 20개국G20에는 포함되지만 개도국으로 분류되는 아르헨티나의 7월 물가상승률은 71.0%로 높은 수준이었다. 경제위기가 채무불이행(디폴트)으로 이어지며 국제통화기금IMF의 도움을 받게 된 스리랑카의 8월 물가상승률은 60.8%였다. 비슷한 상황인 파키스탄의 물가상승률도 50%에 육박한다.

고물가 시대 '소비 양극화' 심화

고물가 시대를 맞아 '소비 양극화' 현상도 두드러지고 있다. 자신의 관심사에 투자하는 '플렉스' 문화에 빠져 명품 등 고가품을 거침없이 구매하는 이들이 있는가 하면 고물가 탓에 '무지출 챌린지'에 참여, 지갑을 닫는 이들도 있다.

고물가 시대에도 명품 열기는 식지 않는다. 샤넬은 올해 8월 일부 제품 가격을 5% 올렸지만 매장엔 발길이 끊이지 않는다. '명품 중의 명품'으로 분류되는 에르메스·롤렉스 매장엔 원하는 제품이 없어 구매하지 못하는 사례도 빈번하다.

주류도 고가의 위스키나 와인이 불티나게 팔린다. 코로나19 여파로 음주 트렌드가 '혼술·홈술'로 바뀌면서 위스키나 와인을 선호하는 경향이 뚜렷해졌기 때문이다. 올 상반기 위스키 수입금액은 1억 2,365만 달러(1,621억 원)다. 전년 대비 61.9% 증가했다. 와인 수입금액도 전년 대비 약 6.2% 오른 2억 9,749만 달러(3,901억 원)로 집계됐다. 고가품 소비를 주도하는 건 현재의 행복에 투자하는 '욜로족'이다.

거침없는 인플레이션으로 '무지출 챌린지'나 '짠테크'에 대한 관심도 높다. 고물가·고금리 탓에 가계 유지가 빠듯해졌기 때문이다. 점심과 인플레이션 합성어인 '런치플레이션'이란 신조어도 생겨났다. 외식비 부담이 높아 편의점 도시락으로 간단히 끼니를 때우는 이들도 증가하고 있다.

美 양적 긴축·中 경기 둔화에 인플레 겹쳐

우리 경제에 세계 경제의 양대 축인 미국과 중국G2발 충격에 글로벌 인플레이션까지 '대외 트리플 압박'이 덮쳤다고 할 수 있다. 미국의 공격

2022년 올해 상반기(1~6월) 외식 물가지수는 전년 누계 대비 6.7% 상승했다. ⓒ통계청

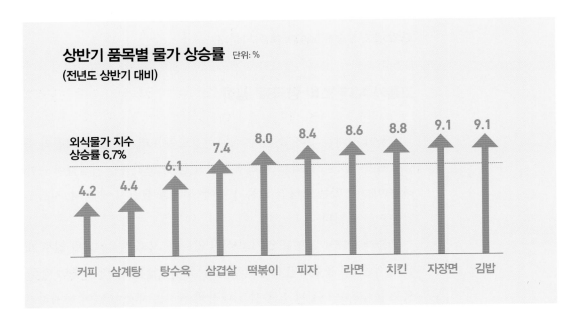

상반기 품목별 물가 상승률 단위: %
(전년도 상반기 대비)

외식물가 지수
상승률 6.7%

커피	삼계탕	탕수육	삼겹살	떡볶이	피자	라면	치킨	자장면	김밥
4.2	4.4	6.1	7.4	8.0	8.4	8.6	8.8	9.1	9.1

적인 금리 인상과 양적 긴축에 중국의 경기 둔화가 겹치면서 대외 의존도가 높은 우리 경제의 성장동력에 빨간불이 켜진 것이다. 엎친 데 덮친 격으로 글로벌 공급 병목현상에 따른 인플레이션까지 가세해 내수마저 위협받고 있다.

한국무역협회에 따르면 2021년 우리나라의 대중 수출액은 1,629억 2,000만 달러(약 194조 원)로, 전체 수출액의 25.3%를 차지했다. 대미 수출액은 959억 900만 달러로, 전체 수출액의 14.9%를 기록했다. 두 나라의 수출액 비중이 전체의 40%를 넘었다.

대외 의존도 1, 2위 국가인 중국과 미국이 올해 들어 상반된 재정·통화 정책을 취하며 우리 경제에 먹구름을 드리웠다. 미국은 거침없이 치솟는 물가를 잡기 위해 금리 인상에 이어 양적 긴축에 나섰고, 시중에 풀린 돈을 거둬들였다.

중국은 성장엔진이 얼어붙는 것을 막기 위해 금리를 인하하며 경기 부양책을 펴고 있다. 이정희 중앙대 경제학부 교수는 "미국은 코로나19 팬데믹 기간 경기 부양으로 유동성이 넘치는 데다 소비자물가가 치솟는 등 인플레이션이 심각해 금리 인상과 재정 긴축으로 갈 수밖에 없다"고 했다. 김영익 서강대 경제대학원 겸임교수는 "중국은 경제 성장 둔화로 완화정책을 펼 수밖에 없다"고 했다.

중국의 경기 둔화는 우리 경제를 떠받치는 수출에 직접적인 타격을 입힐 수 있어 국내 산업계도 긴장하고 있다. 미국의 금리 인상은 우리의 금리 인상을 견인해 내수 위축에 대한 우려를 낳고, 양적 긴축은 수출에도 악영향을 미칠 수 있다.

경제 전반에 영향을 미치는 기준금리

기준금리는 한국은행에서 시중 은행들에 돈을 빌려줄 때 기준이 되는 금리로, 한국은행 금융통화위원회에서 결정한다. 시중 은행에 높은 금리로 돈을 빌려주면 은행들은 자신들도 이익을 내야 하기에 한국은행

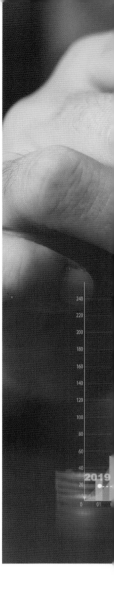

기준금리에 본인들의 이익을 추가로 얹어 기업이나 개인에게 돈을 빌려
준다. 기준금리가 높아지면 은행에서 대출을 받을 때 적용되는 이자가
높아진다는 의미다.

기준금리 변화는 실물 경제 전반에 영향을 미친다. 금리가 오르면 경
제 내 가장 큰 경제 주체인 정부부터 채권 발행으로 조달하는 이자 비용
이 상승해 재정 운영에 제약을 받는다. 기업도 투자할 때 고려하는 자금
조달 비용이 상승해 신규 투자가 위축될 수 있다. 개인도 이자율이 상승
하면 대출 규모가 큰 주택담보대출뿐만 아니라 신용카드 대금, 자동차
할부 구매비용 등이 상승해 소비가 위축된다. 금리가 상승하면 전방위
적으로 실물 경제가 축소될 수 있다.

한국은행에 따르면 과거 한국은행이 기준금리를 0.25% 포인트 인상
했을 때 GDP(국내총생산) 증가율은 0.1% 포인트, 소비자 물가 상승률은
0.04% 포인트가량 각각 하락하는 것으로 추정됐다. 가계부채 증가율과
주택 가격 상승률은 각각 0.4% 포인트, 0.25% 포인트가량 감소하는 것
으로 나타났다.

베이비스텝=0.25% 포인트

0.25% 포인트는 '베이비스텝'으로 불린다. 베이비스텝이라고 하는
미국 연준의 기준금리 정책을 처음 도입한 사람은 앨런 그린스펀 연준
의장이다. 그린스펀이 연방공개시장위원회FOMC를 통해 기준금리 변
경 단위를 0.25% 포인트로 사용하면서 정례화됐다. 그린스펀이 의장
으로 재임하던 2004년 연준은 미국의 물가 상승과 경기 과열을 조정
하기 위해 기준금리를 0.25% 포인트씩 10차례에 걸쳐 총 2.5% 포인트
인상했다.

미국 중앙은행 수장인 연준 의장은 세계 경제 대통령으로 불린다. 미
국 달러화는 국제 결제 수단 가운데 가장 높은 비중을 차지하고 있고, 연
준의 통화 정책은 글로벌 금융시장에 영향을 미치기 때문이다. 그린스

펀은 1987년부터 2006년까지 19년간 연준 의장을 역임했다.

0.25% 포인트를 넘는 금리 정책은 이례적인 일로 다른 이름으로 불린다. 기준금리를 0.5% 포인트 조정할 때는 '빅스텝', 0.75% 포인트 변경할 때는 '자이언트스텝', 1% 포인트 올릴 땐 '울트라스텝'이라고 부른다.

올해 들어 미국에서 베이비스텝의 예외적인 사례가 잇따라 발생하고 있다. 연준은 올해 4월부터 2008년 글로벌 금융위기 이후 지속해온 확장적 통화정책 기조에서 벗어나 '매파적'인 금리 정책을 시행하고 있다. 그동안 0.25% 포인트씩 금리를 인상하던 베이비스텝에서 벗어나 0.5%

포인트를 변경하는 빅스텝을 넘어 지난 6, 7월에 이어 9월까지 3연속 0.75% 포인트씩 금리를 인상하는 자이언트스텝을 단행했다. 22년 만에 처음으로 기준금리 변동 폭이 베이비스텝 수준을 벗어나 급격히 인상된 것이다. 8~9%대로 고공행진 하는 물가를 잡기 위해서다.

기준금리는 왜 0.25% 포인트씩 올릴까

한국은행은 기준금리를 0.25% 포인트를 기준으로 올리거나 내린다. 왜 0.20% 포인트나 0.30% 포인트가 아니라 0.25% 포인트를 기준으로 기준금리를 조정하는 걸까.

한국은행에 따르면 0.25% 포인트는 기준금리 조정 때 금융시장이나 실물경제에 영향을 줄 수 있는 최소 단위다. 박종우 한국은행 정책총괄 팀장은 "여러 가지 분석을 통해 관행적으로 굳어진 중앙은행의 최소 금리 폭"이라고 설명했다. "큰 영향을 줘야 한다고 판단될 때 '빅컷'(기준금리 0.50% 포인트 인하)을 단행할 수도 있고, 호주가 0.10% 포인트 인하한 것처럼 소폭으로 낮출 수도 있다. 하지만 0.1% 포인트를 적용하면 금융시장에 미치는 영향이 크지 않다. 시장에 영향을 줄 수 있는 폭을 조정해야 하는데, 그 기준을 통상 전 세계 중앙은행은 0.25% 포인트로 보고 있다."

전문가들도 0.25% 포인트는 시장에 영향을 줄 수 있는 적정 수치라고 했다. 하준경 한양대 경제학과 교수는 "이론적 근거가 있다기보다는 관행적으로 이뤄지는 수치"라며 "너무 크면 시장에 큰 충격이 주어지고, 너무 작으면 영향력이 없다보니 0.25% 포인트로 정한 것"이라고 설명했다. "기준금리 관련 의사결정 횟수를 빈번하게 한다면 0.1% 포인트로 해도 상관없다. 의사결정을 자주하면 여러 번 올리거나 내리거나 할 수 있기 때문이다. 현재 의사 결정 빈도가 1년에 8번 정도인데, 그 정도를 감안해서 너무 작지도 크지도 않은 0.25% 포인트를 정한 것 같다. 0.25% 포인트를 기준으로 오르락내리락하는 게 시장에 적정 수준의 충격을 주는 것으로 본다."

　　송의영 서강대 경제학부 교수는 "미국금리가 세계금리를 결정하기 때문에 미국 기준을 따라하는 것"이라고 했다. "미국도 0.25% 포인트를 '베이비스텝'으로 본다. 그보다 아래로 조정하는 건 큰 의미가 없다. 0.25% 포인트가 가장 의미가 있으면서도 과도하지 않다. 우리는 기준금리를 내리고 올릴 때도 독자적으로 하지 않고, 미국 연방준비제도에 맞춰 내릴지 올릴지 결정한다."

한국은행 사상 첫 '빅스텝'

　　한국은행 금융통화위원회는 인플레이션을 잡기 위해 올해 들어 8월까지 기준금리를 다섯 차례 인상했다. 1월 14일 1.25%(0.25% 포인트), 4월 14일 1.50%(0.25% 포인트), 5월 26일 1.75%(0.25% 포인트), 7월 13일 2.25%(0.5% 포인트), 8월 25일 2.5%(0.25% 포인트).

　　베이비스텝인 0.25% 포인트씩 인상했지만 지난 7월엔 사상 처음으로 0.5% 포인트 빅스텝을 단행했다. 경기침체 우려를 감수하더라도 일단 치솟는 물가를 잡기 위해서다. 6월 당시 소비자물가지수CPI는 1년 전보다 6% 올랐다. 98년 11월(6.8%) 이후 가장 높았다.

　　한국은행이 고강도 긴축에 나서며 경기침체 우려는 더 커졌다. 무엇보다 부풀어 오른 민간 영역의 부채가 소비와 투자를 제약할 수 있다. 한국은행 추산에 따르면 기준금리가 0.5% 포인트 오를 경우 가계의 연간 이자 부담은 총 6조 4,000억원, 가구당 32만 2,000원이 늘어난다.

　　원·달러 환율 상승세가 진정되지 않으면, 기준금리 인상 압박도 더 커질 수밖에 없다. 한국은행 금융통화위원회가 사상 처음 빅스텝에 나선 주요 배경 중 하나도 '환율 방어'였다.

　　더구나 미국의 기준금리가 우리나라보다 더 높아지는 한·미 기준금리 역전이 현실화하면, 원화 가치 하락 압력은 더 커진다. 달러와 같은 기축통화가 아닌 원화 입장에서 기준금리가 미국보다 상당 폭 낮아지면, 더 높은 수익률을 좇아 외국인 투자자의 자금이 빠져나가고 원화 가

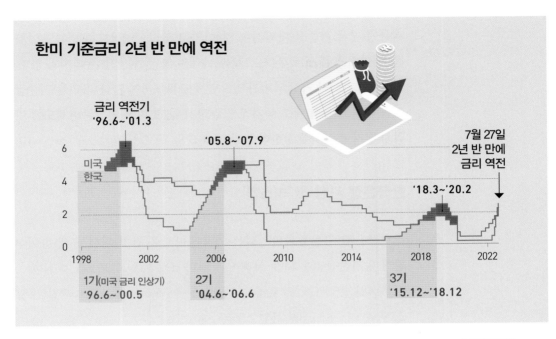

미국 중앙은행인 연방준비제도는 2022년 7월 27일(현지 시간) 기준금리를 0.75% 포인트 인상한다고 밝혔다. 이에 따라 미국 기준금리는 한국 기준금리(2.25%)보다 높아졌다. ⓒ연합인포맥스

치도 급격하게 떨어질 가능성이 있기 때문이다.

미국 연준이 9월 21일(현지 시간) 연 2.25~2.5%인 기준금리를 0.75% 포인트 올리는 자이언트스텝을 단행하면서 한미 간 기준금리는 역전 됐다. 미국은 연 3~3.25%, 한국은 연 2.5%여서 미국이 0.5~0.75% 포인트 높다.

고금리 속 은행들 '예대마진'으로 배 불려

은행의 가장 큰 수입은 '예대마진'이다. 예대마진은 예금금리와 대출 금리의 차이다. 은행들은 예금금리보다 대출금리를 더 많이 올려 마진 을 남긴다. 한국은행이 기준금리를 0.25% 포인트 올리면, 대출금리는 대폭 올리고, 예금금리는 찔끔 올리는 식으로 이익을 극대화한다.

금융감독원에 따르면 올해 2분기 말 잔액 기준 국내 은행의 평균 예대

금리차(예금금리와 대출금리의 차이)는 2.40% 포인트로, 1분기 말의 2.32% 포인트보다 0.08% 포인트가 늘었다.

국내 은행 예대금리차는 2020년 3분기 말 2.03% 포인트에서 4분기 말 2.05% 포인트, 2021년 1분기 말과 2분기 말 각각 2.12% 포인트, 3분기 말 2.14% 포인트, 4분기 말 2.21% 포인트로 계속 커졌다.

올해 2분기 말 예금금리는 1.17%였는데, 대출금리는 3.57%를 기록하며 예대금리차가 2.40% 포인트까지 벌어졌다.

예금금리는 2021년 2분기 말 0.65%를 기록한 이래 3분기 말 0.69%, 4분기 말 0.83%, 올해 1분기 말 0.96%로 계속 올랐다. 하지만 대출금리는 2021년 2분기 말 2.77%, 3분기 말 2.83%, 4분기 말 3.04%, 올해 1분기 말 3.28%로 상승세가 예금금리보다 더 가팔랐다.

녹색에너지,

탈원전에서 원전으로

김남중

국민일보 기자

대학 졸업 후 국민일보에 입사해 25년 넘게 일하고 있다. 경제,
사회, 정치, 편집, 탐사, 국제 등 여러 부서를 거쳤다. 문화부에서
일한 시간이 가장 길어 10년이 넘는다. 현재 문화체육부
선임기자로 출판·문학 분야를 담당하고 있다. 매주 새로 나오는
책들을 받아보며 좋은 책과 작가들을 발견하고 소개하는 일을
하고 있다.

issue **04** 녹색에너지, 탈원전에서 원전으로

먼저 기후변화는 현실이라는 점을 분명히 하자. 기후변화가 우리 시대의 가장 중요한 문제라고 보는 이들이 늘어나고 있지만 그 반대 편에는 기후변화가 거짓말이라고 주장하는 이들이 여전히 존재하기 때문이다.

노벨경제학상을 받은 경제학자이자 미국 뉴욕타임스 칼럼니스트인 폴 크루그먼은 기후변화를 부정하는 것을 "악행"이라고 강도 높게 비판했다. 크루그먼은 최근 국내에 출간된 책《폴 크루그먼, 좀비와 싸우다》에서 "기후변화는 거짓말이다" "기후변화는 일어나고 있지만 인간이 일으키지 않는다" "기후변화는 인간이 일으키지만 그 어떤 조치든 일자리를 없애고 경제 성장을 망친다" 등을 기후변화 부정론자들의 단골 레퍼토리를 들었다. 그러면서 "기후변화는 사람만 죽이는 게 아니다. 인류 문명 전체를 몰살할 수도 있다"며 "이처럼 엄중한 상황임에도 대중을 혼란으로 몰아넣고 있는 행위는 차원이 전혀 다른 악"이라고 격앙된 어조로 언급했다.

크루그먼의 책이 아니라도 요즘 어디서나 기후 위기를 경고하는 목소리를 들을 수 있다. 지난 8월 한국에서도 경험한 이례적 폭우를 비롯해 전 세계적으로 거의 매일 가뭄, 폭염, 산불, 한파 등이 보고된다. 농작물

과 동식물의 생태계 변화도 계속 확인된다. 또 빙하가 녹고, 해수면이 상승하고, 감염병이 늘어난다. 지금 세계에서 벌어지는 자연계의 이상 현상을 설명하는 단어로 가장 자주 불려 나오는 게 '기후변화', '기후위기', '기후재앙'이다.

폴 크루그먼
Paul Krugman

기후가 왜 문제인가

그런데 기후가 왜 그렇게 문제일까. 세계는 2050년까지 기온 상승 한계를 1.5도로 정해 놓고 탄소배출량 감축에 총력을 기울이고 있다. 기온 상승이 2도를 넘어가면 기후위기를 넘어 기후재앙이 올 것으로 전망한다. 지구 기온이 몇 도 올라간다고 종말이 온다는 게 사실일까.

기후는 날씨와는 다르다. 날씨는 끊임없이 변하지만 기후는 아주 느리게 변한다. 기후는 오랜 기간의 날씨를 통계로 표현한 것이다. 세계기상기구WMO에 따르면 여기에서의 '기간'은 흔히 30년을 말한다.

산업화 이전 지구의 평균기온은 약 14도였다. 기후변화와 관련한 가장 중요한 국제적 합의라고 할 수 있는 파리기후변화협약(2015년)은 국제사회가 지구의 평균기온 상승 폭을 산업화 시대 이전 대비 1.5도로 막아야 한다는 목표에 동의하고, 이를 위해 참가국들이 각자 탄소배출량 감축 계획을 추진할 것을 약속한 것이다. 파리협약에 전 세계 189개국이 참가했다. 지구의 평균기온이 1.5도 이상 올라가도록 방치한다면 파국적 상황을 맞는다는 인식에 전 세계가 동의하고 있다고 볼 수 있다.

지구의 평균기온은 이미 산업화 시대 이전보다 1.1도 상승했다. 기후변화 상황에 대한 가장 최신의 종합적이고 신뢰할만한 문서는 2021년 8월 발표된 유엔 산하 IPCC(기후변화에 관한 정부 간 협의체)의 제6차 보고서다. 이 보고서에 따르면, 지구 평균기온은 산업화 이전 대비 1.09도 더 높아졌다. 또 지난 5년은 기록상 가장 더웠고, 해수면의 상승 속도는 거의 3배나 빨라졌다.

IPCC는 전 세계 3,000여명의 과학자들로 구성돼 있다. 5~6년마다 발표되는 IPCC 보고서는 세계 각 나라에서 온 대표들이 모여 과학자들이 제출한 보고서의 문장 하나 하나를 협의하고 승인하는 과정을 거쳐 작성된다. 기후에 대한 세계의 과학적, 정치적 입장이 집약돼 있다고 할 수 있다.

그러면 지구의 기온은 왜 올라가는 것일까. 기온 상승은 화산과 태양 활동 등 자연적 요인과 인간에 의한 인위적 요인에 의해 일어날 수 있는데, 산업화 이후의 기온 변화는 주로 인위적 요인 때문이었다. 지구의 기온 상승은 전 세계적으로 산업화가 진행되던 19세기 후반부터 본격적으로 나타났다. 기온을 기록하기 시작한 1880년부터 2016년까지 전 세계의 지표면 근처 평균기온은 1도 이상 상승했다.

IPCC에서는 1951년부터 2010년까지 60년 사이에 인위적 기후변화로 상승한 기온을 0.7도 평가했다. 반면 자연적 요인이 기온 상승에 끼친 영향은 ±0.1도로 평가된다. 이런 연구 결과에 따르면 산업화 이후에는 인간의 개입을 배제하고서는 기온이 상승하는 현상을 설명할 수 없다.

IPCC 6차 보고서도 기온 상승이 인간의 영향 때문이라는 점을 명확히 했다. "인간의 영향이 대기, 바다, 육지를 온난화시켰다는 것은 명백하다. 대기, 해양, 빙권 그리고 생물권에 광범위하고 급격한 변화가 생겼다. 기후 시스템의 여러 측면을 고려하더라도 최근에 벌어진 기후 시스템 전반에서 일어난 변화의 규모는 수세기에서 수천 년에 걸쳐 전례가 없는 수준이다."

기온의 상승이 명백히 인간의 영향 때문이라는 사실은 기후위기 대응에서 희망이 될 수도 있다. 인간이 기온 상승에 영향을 끼쳤다는 것은 인간이 다르게 행동하면 기후 상승을 막을 수 있다는 말이 되기 때문이다.

물론 기온이 이미 1.1도 상승한 상황에서 1.5도 혹은 2도 선을 지켜낸다는 것은 매우 어려운 일이 될 것임에 분명하다. IPCC는 우리가 어떤 노력을 하고 어떤 탄소중립 시나리오를 적용하더라도, 늦어도 2040년에는 1.5도까지 올라갈 것으로 결론을 내렸다.

그렇다고 해서 이대로 앉아서 파국을 맞을 순 없다. 기온이 1.5도 오른 세계와 2도 오른 세계는 다르다. 3도 오른 세계, 5도 오른 세계도 다르다. 예컨대, 기온이 1.5도 상승할 때 폭염에 노출되는 사람의 비중은 14%인 반면, 2도 상승하면 37%까지 늘어난다. 기온 상승을 1.5도 이내로 제한하면 2050년까지 기후로 인해 빈곤 위험에 처하는 사람의 수를 2도 상승 대비 수억 명까지 줄일 수 있다. 세계가 기온 상승을 몇 도에서 막아내느냐에 따라 기후재앙의 규모와 양상이 달라진다.

정부는 2030년 해양수산 분야 온실가스 배출량을 2018년 대비 약 70% 감축하고 갯벌, 바다숲 등 블루카본을 단계적으로 확충하기로 했다.
ⓒ해양수산부

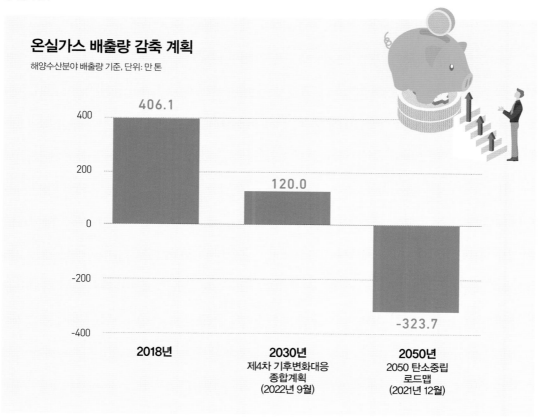

온실가스 배출량 감축 계획
해양수산분야 배출량 기준, 단위: 만 톤

- 2018년: 406.1
- 2030년 제4차 기후변화대응 종합계획 (2022년 9월): 120.0
- 2050년 2050 탄소중립 로드맵 (2021년 12월): -323.7

'이산화탄소를 줄여라'

이제 기후 변화의 메카니즘을 알아볼 차례다. 지구의 기온이 올라가는 현상을 지구 온난화라고 한다. 지구 온난화의 주범은 온실가스라는 게 밝혀졌다. 햇빛의 대부분은 지구 대기를 통과해 지표면에 도달하는데, 지구의 토양은 이 빛을 흡수해 열복사 형태로 다시 방출한다. 지구 대기 중에 있는 수증기, 이산화탄소, 오존, 아산화질소, 메탄 등의 가스는 복사 열에너지가 우주에 바로 방출되지 않도록 막아준다. 이 가스들은 복사 열에너지의 대부분을 흡수했다가 다시 사방에 그리고 지표면 방향에 방출한다. 이렇게 해서 그 아래 대기층과 토양은 다시 한 번 덥혀진다. 이들을 온실가스라고 하는데, 온실가스가 적으면 지구가 추워지고 온실가스가 많으면 지구가 더워진다.

지구 온난화를 초래하는 온실가스는 모두 일곱 가지이다. 그중 중요한 가스는 이산화탄소, 메탄, 아산화질소이다. 특히 가장 많은 부분을 차지하는 것은 이산화탄소로 전체 온실가스 배출량의 74.4%를 차지한다. 다음으로 메탄이 17.3%, 아산화질소가 6.2%이다.

그러니까 지구의 기온을 올리는 데 가장 큰 영향을 미치는 게 이산화탄소이다. 이산화탄소는 대부분 화석연료인 석유와 석탄, 천연가스의 연소에서 발생한다. 산업화 시대 이후 지구의 기온이 상승하기 시작한 이유가 바로 이 때문이다. 인간이 산업혁명 이후 땅속에 있던 화석연료를 주요 에너지원으로 사용하기 시작하면서 빠르게 대기 중 이산화탄소 농도가 증가한 것이다.

이산화탄소 농도를 증가시킨 또 다른 원인은 세계적인 차원에서 벌어진 개간 사업이다. 2000~09년 사이에 1분당 평균 축구 경기장 35개 크기 면적이 숲이 사라졌다는 조사 결과가 있다. 산림 면적이 줄어들면서 자연의 이산화탄소 흡수 능력이 떨어졌다. 이산화탄소는 토양과 식생에 저장되거나 바다에 흡수되고, 나머지는 대기에 잔류한다. 현재 대기 중 이산화탄소 농도는 산업화 이전 시대 대비 50%

증가했다.

　2021년 기상청이 발표한 '한반도 기후변화 전망보고서 2020'에 따르면, 온실가스를 현재처럼 배출한다면 2100년 한반도의 평균 기온은 현재보다 7도 이상 오르고 강수량은 14% 늘어나게 된다.

　결국 기후위기 대응은 '이산화탄소 배출량을 줄여라'라는 한 문장으로 집약할 수 있다. 파리협약은 2050년까지 참가국들이 이산화탄소 배출량을 제로(0)로 줄여야 한다는 데 동의한 것이고, 그 구체적인 실천을 각 나라에 요구한 것이라고 할 수 있다. 현재 많은 나라들이 2050년까지 이산화탄소 배출량을 제로로 만드는 '탄소중립' 계획을 발표하고 이를 추진해 나가고 있다. 우리나라 역시 마찬가지다.

　여기서 이산화탄소 배출량 제로의 의미는 이산화탄소를 아예 배출하지 않는다는 의미는 아니다. 자연이 흡수하고 기술로 제거할 수 있는 양만큼만 탄소를 배출한다는 의미로 실질 배출량을 제로로 만든다는 점에서 '넷제로net zero'라고 한다.

　넷제로에 이르는 여정은 사실 간단하다. 이산화탄소를 배출하는 화석연료 사용을 줄이면 된다. 마이크로소프트 창업자로 현재 기후위기 대응 운동에 적극적으로 나서고 있는 빌 게이츠는《빌 게이츠, 기후재앙을 피하는 법》이라는 책에서 이 길을 세 가지로 정리했다. "기후재앙을 피하기 위해 제로를 달성해야 한다. 태양광과 풍력 등 이미 보유한 수단들을 더 빨리, 그리고 더 현명하게 사용해야 한다. 나머지 목표 달성에 필요한 획기적인 기술을 개발하고 출시해야 한다."

　빌 게이츠는 세계 전체의 한 해 이산화탄소 배출량을 510억 톤으로 추산했다. 또 온실가스가 배출되는 분야를 크게 다섯 가지로 정리했다. 무언가를 만드는 제조가 가장 많아 전체 배출량의 31%이고, 전력 생산도 27%나 된다. 동식물 기르기에서도 19%, 교통과 운송에서 16%, 냉난방에서 7%의 온실가스가 나온다.

　여기에 사용되는 화석연료를 탄소를 적게 배출하거나 아예 배출하지 않는 다른 에너지로 대체하면 된다. 화석연료를 대체할 에너지를 흔히

'재생에너지Renewable Energy'라고 한다. 화석연료를 재생에너지로 대체하는 것이 '에너지전환'이다. 화석연료 중심의 에너지 체계를 재생에너지로 전환하는 것은 대규모 국가 사업이 될 수밖에 없는데, 이 전환 과정을 일자리 창출과 경제 성장으로 연결시킨다는 의미를 담아 '그린뉴딜'이라고 부른다.

그런데 재생에너지로 화석연료를 대체하는 게 과연 가능할까. 인간이 물처럼 사용하고 있는 에너지를 거의 모두 전기화하고, 이 전기를 모두 화석연료 대신 재생에너지로만 생산해내는 것이 가능할까.

재생에너지가 지구를 구할까

재생에너지는 자연에너지를 변환하거나 폐자원을 재활용해 에너지를 생산한다. OECD(경제협력개발기구)의 재생에너지 분류 기준에 따르면 태양, 바람, 물, 생물유기체biomass, 지열, 이 다섯 가지만 포함된다. 이 기준을 적용하면 우리나라 재생에너지 생산량은 1차 에너지 공급량의 2.4%에 불과하다. 독일 14.6%, 영국 12.5%, 미국 7.9%, 일본 6.2% 등 다른 선진국과 비교해도 차이가 크다.

현재 세계적으로 수력이 가장 큰 재생에너지 공급원이지만 신규 보급은 줄어들고 있고, 그 다음이 풍력, 태양열이다. 2021년에는 이 다섯 가지 재생에너지를 합해 세계 전력 생산의 약 28%를 차지했다. 풍력과 태양열은 처음으로 10%를 넘어섰다.

하지만 화석연료는 여전히 전 세계 에너지 믹스를 지배하고 있다. 대부분의 국가가 에너지 전환의 초기 단계에 있기 때문이다. 소수의 국가만이 재생에너지에서 상당 량의 전기를 얻는다. 현재 세계적으로 재생에너지 선두 국가로 꼽히는 게 독일이다. 독일의 2020년 온실가스 배출량은 1990년 대비 42.3%나 감소했다. 에너지 전환에 매우 성공했기 때문인데, 에너지 전환의 효과가 얼마나 큰 지 알려준다. 독일에서 재생에너지는 1차 에너지 소비량의 17%를 감당하고 있으며, 석유(34%)와 천연가스(27%)에 이어 세 번째 큰 에너지원으로 자리잡았다. 독일의 전력 소비량 중 재생에너지 비중은 46%를 넘어섰다.

최근 10년간 재생에너지 비중의 성장률이 인상적인 건 사실이다. IEA(국제에너지기구)는 2026년까지 재생에너지 전력 용량이 세계적으로 2020년 수준에서 60% 증가할 것으로 예상했다. 이는 화석 연료와 원자력을 합한 현재 전력 생산량과 같다.

연료원별 발전 설비 비중 추이 각 연말 기준

2022년 9월 기준 신재생 에너지 발전 설비 용량은 27,103MW로 전체의 20.1%로 사상 최대다.
ⓒ전력거래소

현재 가장 주목받는 재생에너지는 태양광발전과 풍력발전이다. 태양광에너지를 주목하는 가장 큰 이유로는 친환경과 설비 운용의 용이성이 꼽힌다. 태양광에너지는 태양광을 연료로 이용하는 친환경 에너지로서 연료가 무한하며, 운송과 저장에 대한 걱정이 없다. 또 태양광발전 설비는 한 번 설치 시 별도로 작동을 조정할 필요 없이 자동으로 운전이 가능하다는 장점이 있다. 태양광 설치 비용이 계속해서 저렴해지고 있다는 것 역시 유인 효과가 있다.

반면 태양광에너지는 발전량이 일정치 않다는 것과 공간의 제약이 크다는 단점이 있다. 태양광발전은 날씨나 주변 환경, 그리고 시간대별로 일조량에 따라 발전량이 일정하지가 않고, 각각의 태양전지의 효율성이 낮아 많은 수의 태양전지 사용을 위해 넓은 용지가 필요하며 원자력과 화력에 비해 전기 생산 비용이 높다는 한계가 있다.

풍력발전 역시 지난 10년 동안 매년 평균 20% 증가해 이제 세계 전기의 5%를 제공하기에 이르렀다. 풍력발전이 계속 증가하는 이유는 저렴하기 때문이다. 풍력은 이미 재래 에너지에 비해 훨씬 저렴하게 전기를 생산해내고 있다. 풍력발전이란 말 그대로 자연의 바람을 이용해 날개를 돌리고 이 회전력으로 발전기를 돌리는 발전 방식이다. 넷제로 목표를 달성하기 위해서는 어떤 도시나 국가, 기업을 막론하고 산업 규모의 풍력에너지가 필수적이라고 에너지 전문가들은 말한다. 풍력 없이는 재생에너지의 미래도 없다는 것이다.

수력발전은 연료비 측면에서 발전 생산원가가 매우 저렴하다는 장점이 있지만 단점 또한 크다. 수력발전에 필요한 저수지를 만드는 과정에서 지역 사회와 야생동물이 터전을 잃는다.

화석연료 사용을 줄이고 재생에너지 사용을 늘리기 위한 국가와 기업 차원의 노력도 전개되고 있다. 그중 하나인 'RE100Renewable Energy 100'은 지난 대통령선거 과정에서 이슈가 되기도 했다. 당시 후보였던 윤석열 대통령이 "그게 뭔가요?"라고 되물어서 화제가 됐다. RE100은 2050년까지 사용하는 전력을 100% 재생에너지로만 충당하겠다는 다국적 기업들의 자발적인 약속이다. 2022년 2월 기준 RE100에 가입한 기업은 349곳이며, 한국 기업도 SK그룹 계열사 8곳과 LG에너지솔루션, 고려아연 등 14곳이 포함돼 있다. 재생에너지 비중을 2030년 60%, 2040년 90%로 올려야 자격이 유지된다. RE100은 현재로서는 기업의 자발적인 이행이지만 앞으로는 의무사항이 될 가능성이 높다. 재생에너지로 전력 100%를 충당하지 않는 기업은 수출이 불가능해질 수 있다.

거대 기업들이 재생에너지 사용으로 나아가는 것은 매우 중요하다. 열 개도 안 되는 국가가 온실가스 배출량의 80%를 차지하고, 스무 개 기업의 배출량이 온실가스 배출량의 3분의 1을 차지하고 있기 때문이다. 이들 주요 배출국과 기업들이 넷 제로에 참여함으로써 극적인 반전을 만들어낼 수도 있다.

이렇게 해서 결국 재생에너지가 화석연료를 완전히 대체할 수 있을까. 그 대답은 여전히 부정적이다. 빌 게이츠는 "적절한 정책으로 풍력발전과 태양광발전을 확대하고 적절한 혁신이 일어나도록 강력한 장려책을 내놓는다면, 미국은 아마도 온실가스를 배출하지 않는 전기를 생산할 수 있을 것"이라면서도 "하지만 전 세계가 제로 탄소 전기를 얻을 수 있을까?"라고 물었다.

재생에너지들은 말 그대로 재생가능하고, 탄소를 배출하지 않는 등 친환경적이다. 그러나 전력 생산이 안정적인 원자력이나 화력과 달리 변동성이 매우 크고 에너지 밀도가 낮으며 지형과 환경의 영향을 많이 받는다. 재생에너지가 본질적으로 지니는 발전원으로서의 불안정성을 보완하기 위해서는 에너지 저장장치 시스템ESS이 막대한 규모로 요구된다. 우리나라에서 태양광발전을 늘리는 과정에서 드러난 것처럼 재생에너지 확대를 둘러싼 사회적 갈등도 심각하다. 깨끗하지만 불안정한 에너지원, 온실가스를 배출하지 않지만 생산 비용이 비싼 에너지원을 경제적으로 선택하는 것은 매우 어렵다.

재생에너지는 우리의 모든 전기 수요를 충족하지 못할 수 있다. 적어도 앞으로 상당한 기간은 그렇다. 태양전지판과 풍력터빈만으로는 충분하지 않다는 목소리가 커지는 것도 이 때문이다. 빌 게이츠는 "원자력 에너지를 대규모로 사용하지 않는 이상 미국에서 제로 탄소를 달성하는 방법은 가능한 한 많은 풍력발전단지와 태양광발전단지를 조성하는 것"이라며 "종국에 미국이 사용하는 전기 가운데 정확히 어느 정도가 재생에너지로부터 나오게 될지는 모르지만 우리가 확실하게 아는 것은 지금부터 2050년까지 훨씬 더 빠르게—지금보다 다섯 배에서 열 배까지— 재생에너지 시설을 만들어야 한다는 것이다"라고 말했다. 또 "태양광 및 풍력과 관련해서 모든 나라가 미국처럼 운이 좋지 않다는 사실을 기억해야 한다"면서 "재생에너지에서 많은 전력을 얻을 수 있다는 것은 당연한 것이 아니라 예외적인 것"이라고 주장했다.

원자력이 다시 살아난다

태양광발전과 풍력발전은 우리의 전기 수요에 대한 두 가지 유력한 해답이다. 그러나 세계는 더 많은 해답을 요구한다. 이들이 주목하는 게 원자력이다. 원자력은 거의 모든 곳에서, 매일 24시간 동안 사용할 수 있는 유일한 무탄소 에너지원이다.

물론 원자력을 청정 전기에너지원으로 분류할 수 있을 것인가에 대해서는 논쟁의 여지가 있다. 하지만 넷제로만을 목표로 실행 계획을 수립한다면 충분히 고려해볼 만한 에너지원임에 분명하다. 특히 풍력이나 태양광으로 전환하는 과도기에 간극을 메워줄 대안으로서, 또 지리적인 한계로 재생에너지에 대한 접근성이 떨어지는 국가의 선택지로서 원자력에너지가 가지는 효율성은 쉽게 포기할 수 없다.

최근 유럽에서 '그린 택소노미green taxonomy, 녹색분류체계'에 원자력발전을 포함시켜 논란이 되었다. 유럽연합EU이 발표한 그린 택소노미는 녹색산업을 뜻하는 그린green과 분류학을 뜻하는 택소노미Taxonomy의 합성어로, 환경적으로 지속가능한 경제 활동의 범위를 정하는 것이다. 어떤 산업 분야가 친환경 산업인지를 분류하는 체계로 녹색 투자를 받

EU 택소노미 원자력 활동 적용 기준

EU 유럽의회, 원자력·천연가스를 녹색분류체계Taxonomy·택소노미에 포함하는 방안(보완기후위임법) 가결

안전기준 강화 및 폐기물 최소화 등 연구·혁신 장려하는 **폐쇄형 연료주기* 기술 개발**
*사용한 핵연료에서 우라늄·플루토늄 추출해 재사용

2045년 전까지 건설 허가 받은 **신규 원자력 발전소에 기존 최고 기술 적용**

2040년까지 **기존 원자력 시설의 수명 연장을 위한 수정·개선 작업**

2025년까지 기존 원전·제3세대 신규 원전에 **사고 확률 낮춘 사고저항성 핵연료**
ATF-accident-tolerant fuel **적용**

모든 원전에 대한 **중·저준위폐기물 처분시설 건설**

2050년까지 **고준위폐기물 처분장 마련 계획 제시**

녹색분류체계Taxonomy·택소노미란?
환경적으로 지속가능한, '녹색' 경제 활동으로 인정되는 목록을 담은 분류 체계

ⓒ유럽연합(EU)

을 수 있는 산업 여부를 판별하는 기준으로 활용된다.

EU가 2020년 6월 세계 최초로 그린 택소노미를 발표했을 때는 원자력발전을 포함한 원자력 관련 산업이 포함되지 않았다. 그러나 2021년 12월 마련한 그린 택소노미 초안에서 원자력발전에 대해 방사성폐기물을 안전하게 처리할 계획을 수립, 자금과 부지가 마련됐다면 친환경으로 분류될 수 있다는 내용을 포함시켰다. EU는 2022년 2월 이 안을 확

정, 발의했고 지난 7월 유럽의회는 과반수 찬성으로 가결시켰다. 이에 따라 EU 27개 회원국 중 20개국이 거부권을 행사하지 않으면 내년 1월 1일부터 원자력발전과 천연가스가 그린 택소노미에 포함된다.

기후위기 전문가인 남재작 한국정밀농업연구소 소장은 최근 출간한 《식량위기 대한민국》에서 택소노미에 대해 "두 에너지원(원자력발전과 천연가스)을 재생에너지의 대안으로 인정했다기보다는 유럽연합이 탄소중립으로 이행하는 데 필요한 저탄소 에너지원으로 인정했다는 정도로 이해하는 것이 타당하다"고 분석했다.

기후변화와 환경에 가장 적극적인 유럽이 원자력 사용을 제한적으로나마 인정한 것은 그만큼 에너지 전환이 쉽지 않다는 것을 알려준다. 유럽연합 집행위의 최정 결정은 탄소 중립 목표를 달성하기 위해서, 또 재생에너지로 가는 전환 과정에서 원자력발전의 역할은 필수불가결하다고 인정한 것으로 볼 수 있다. 참고로 미국은 미국은 원자력발전을 그린 에너지로 규정하고 있으며, 한국의 녹색분류체계인 K-택소노미에는 원자력발전이 제외돼 있다.

환경과 기후가 세계의 주제가 된 이래 원자력은 화석연료와 함께 퇴출 위기에 몰려 있었다. 원자력 발전소는 방사능을 유출할 수 있고, 사고가 나면 그 피해가 막대하다. 2011년 3월 일본 도호쿠 지방 앞바다에서 발생한 대지진과 쓰나미의 여파로 후쿠시마 원자력발전소가 파괴되고 막대한 방사성 물질이 유출된 사건은 원자력의 위험성을 다시 한 번 각인시켰다. 전 세계 환경운동가들은 원전을 반드시 퇴출시켜야 할 산업으로 비판해 왔다.

하지만 원전은 에너지원으로서는 매우 효율적이고 매력적이다. 안정적으로 많은 전력을 공급할 수 있기 때문이다. 원자력발전의 전력 비중은 세계적으로 14~15% 수준이다. 2015년 기준 원전 비중이 가장 큰 나라는 프랑스로 전력 생산의 76.3%를 차지하고 있다. 우리나라는 원전이 31.7%의 전력을 충당하고 있다.

기후위기로 이산화탄소 배출량 감축이 세계적 과제로 부상한 이후에

EU 택소노미·한국형 녹색분류체계 비교

녹색분류체계: 어떤 경제활동이 친환경인지 규정한 국가차원
기준이자 녹색투자 대상 선별 기준

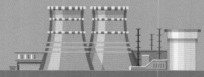

	EU 택소노미	한국형 녹색분류체계
사고저항성핵연료 (ATF)	2025년부터 사고저항성핵연료 적용	신규건설 사고저항성핵연료 적용 계속운전 2031년부터 사고저항성핵연료 적용
방사성폐기물 처분시설	2050년까지 고준위 방사성폐기물 처분시설 가동을 위한 문서화 된 세부계획	고준위 방사성폐기물의 안전한 저장과 처분을 위한문서화 된 세부계획이 존재하며 계획 실행을 담보할 수 있는 법률 제정
	중·저준위 방사성폐기물 처분시설 보유	
최적가용기법(BAT)	신규건설 시 최적가용 기술 적용	신규 건설 시 최신기술 기준* 적용
온실가스	온실가스 100g C02eq./kWh이내 배출 (에너지1kWh킬로와트시)생산 시 온실가스 배출량 이산화탄소환산량 기준 100g 이하)	
방사성폐기물 관리 기금 및 원전해체비용	방사성폐기물 관리기금 및 원전해체비용 보유	
인정기한	신규건설 2045년까지 건설허가를 받은 원전	
	계속운전 2040년까지 계속운전 허가를 받은 원전	계속운전 2045년까지 계속운전 허가를 받은 원전
연구개발활동	핵폐기물 발생을 최소화하는 연구·개발·실증·적용	원자력 핵심기술연구·개발·실증*

*'원자력안전법', '원자력안전위원회 규칙 및 고시'내 최신 기술 기준을 모두 준수   ⓒ환경부

도 원자력은 그다지 주목받지 못했다. 하지만 화석연료를 대체할 것으로 여겨지던 재생에너지가 여러 한계를 보임에 따라 원자력은 다시 살아나기 시작했다.

러시아의 우크라이나 침공이 초래한 세계 에너지 가격의 상승도 원전을 다시 보게 한 계기가 되었다. 재생에너지 발전 비중 확대를 통한 넷제

로를 추진하던 세계의 움직임은 당장 에너지 수급과 가격에 문제가 생기자 원전을, 심지어 화력발전을 다시 보기 시작했다.

글로벌 기후 의제를 이끌어왔던 독일이 최근 사용을 중단했던 화력발전소를 재가동하기 시작했다. 더 나아가 올라프 숄츠 독일 총리는 올해 연말에 폐쇄하려던 원자력발전소의 수명 연장 가능성을 공개적으로 시사했다. 독일은 세계에서 가장 강력한 탈원전 정책을 펴온 나라라는 점에서 이런 행보들은 충격적이다. 독일은 후쿠시마 원전 사고가 일어났던 2011년 모든 원전을 2022년까지 폐기한다고 발표했었다.

다른 유럽 국가들도 석탄 발전을 재개하거나 생산을 늘릴 것이라고 밝혔다. 미국에선 저명한 기업가와 투자가들이 나서 원자력산업을 발전시켜야 한다고 목소리를 내고 있다. 바이든 행정부 또한 재정난으로 가동 중단에 처한 원자력발전소에 총 60억 달러의 지원금을 투입하기로 했다. 원전을 통해 기후변화 대응에 동참하겠다는 것이다.

국은행은 CBDC에 대해 1·2단계 모의실험을 마치고 2022년 하반기부터 금융기관과 본격적인 연계실험을 실시할 계획이다.

두 번째 고개 : 블록체인 기술이 세상을 바꾼다고?

암호화폐는 블록체인 기술을 기반으로 한다. 블록체인은 은행 없이 화폐가 유통될 수 있도록 위조화폐를 잡아내는 기술이면서 모두에게 공개된 거래장부이기도 하다. 코인의 거래 내역이 블록 형태로 사슬처럼 연결돼 블록체인이라는 이름을 갖게 되었다.

블록체인 프로그램이 깔린 모든 컴퓨터에서 코인의 사용내역을 기록하고 감시해서 누군가 코인을 복사해서 중복 사용하는 건 아닌지 확인한다. 즉 코인 사용 장부가 블록체인 프로그램을 구동하는 모든 컴퓨터에 깔려 있는 셈이다. 그래서 블록체인을 분산장부 또는 공공 거래장부라고도 부르며, 이는 공개된 데이터베이스라고 할 수 있다.

여러 대의 컴퓨터에 분산된 장부의 내용은 모두 같아야 한다. 이를 위해 모든 기록이 일치하는지 일정 시간마다 확인하게 되는데, 이 때 불일치하는 데이터가 나오면 인터넷 투표기술을 적용해 다수결 원리에 따라 다수의 장부 데이터로 동기화해 저장한다. 이런 이유 때문에 블록체인에는 인터넷 투표기능이 반드시 내장돼 있어야 한다.

블록체인이 세상을 바꿀 만한 기술이라고 평가받는 것은 사회의 기본적 구조를 바꿀 잠재력을 가지고 있기 때문이다. 거래 내역을 모두 기록하고 공유하는 블록체인 기술은 투명하고 신뢰할 수 있으므로 다양한 사회 문제 해결에 도입된다면, 신뢰 문제를 극복하는 새로운 상황을 맞이할 수 있다고 보는 것이다. 예를 들어 인터넷 투표기술이 완벽하게 구현되면 현재와 같은 간접 민주주의 대신 국민이 직접 모든 국가적 사안을 결정할 수 있는 직접 민주주의가 실현될 수 있다. 기업에서는 CEO가 아니라 모든 주주들이 시간적, 공간적 제약 없이 인터넷 투표를 통해 중요사안을 결정할 수 있게 된다.

이런 이유로 블록체인을 이야기할 때 거버넌스governance, 공동의 목표를
달성하기 위해 모든 이해 당사자들이 책임감을 가지고 투명하게 의사 결정을 수행할 수 있게
하는 제반 장치가 함께 거론된다.

명품에 사용되는 블록체인 기술

2021년 전 세계에서 온라인으로 거래된 위조·모조품이 1,000조 원대
로 추정된다는 보도가 있었다. 이런 이유 때문에 최근 명품 브랜드들은
진품 여부를 확인하는데 블록체인 기술을 적극 활용하고 있다. 루이비

통·까르띠에·프라다는 블록체인 플랫폼 '아우라'를 함께 구축했다. 예를 들어 루이비통에서 가방이 출시되면 아우라 플랫폼을 통해 고유한 디지털 코드를 받는다. 이 코드가 디지털 정품 인증서가 되어 어느 나라의 어떤 재료로 어디에서 어떻게 만들어졌는지, 소유권은 누구에게 넘어갔는지 등 모든 정보를 담게 된다. 진품 여부가 확실하게 가려지게 되는 것이다.

또한 명품 브랜드에서는 정품 관리 이외에도 정품인지 감정하는 작업에 시간과 비용을 들일 필요가 없기 때문에 유통사에 수수료를 요구할 수 있고, 소유자가 중고 시장에서 재판매할 때마다 브랜드에게 일정 부분 로열티가 지급되도록 인코딩할 수 있어 새로운 수익 창출도 가능하다.

코로나와 함께 블록체인은 우리 생활에도 깊이 들어와 있다. 바로 질병관리본부 앱 쿠브coov다. 블록체인을 통해 안전하게 관리함으로써 예방접종 증명서 위·변조를 방지하고, 사용 이력이 서버에 남지 않아 개인 프라이버시를 보호하며, 전 세계 어디서든 투명한 접종 증명이 가능하다.

또 국제항공운송협회에서 블록체인을 이용해 추진하는 '트래블 그리드'도 기대되는 프로젝트로 꼽힌다. 이는 블록체인에 실시간으로 항공 화물 위치를 올려주는 서비스다. 각종 마일리지도 암호화폐와 연동시켜 호환 가능하도록 만들 예정이라고 한다.

나만의 고유한 디지털 아이템, NFT

블록체인 기술을 활용하면 해당 아이템을 '한정판'이나 '스페셜 에디션'으로 만들어 사람들의 소유욕을 자극할 수 있다. 지난해 명품 시계 브랜드 제이콥앤코는 'SF24'라는 초고가의 시계를 NFTNon Fungible Token, 대체불가 토큰로 만들어 경매로 10만 달러를 벌었다.

NFT는 블록체인을 통해 거래 내역이 검증된 고유한 디지털 아이템을 말한다. 이미지, 동영상, GIF(자동 반복되는 짧은 동영상 파일 포맷), 오디오, 3D

모델, 텍스트, 인게임 아이템, 디지털 트레이딩 카드, 디지털 부동산, 도메인 이름, 행사 입장권, 트위터의 트윗 등 다양한 형태로 존재한다.

제이콥앤코 경매에서 NFT 시계를 낙찰받은 사람은 실물 시계가 아니라 SF24 NFT의 플랩이 움직이는 모습이 담긴 10~15초짜리 3차원 애니메이션을 보유하게 된다.

NFT는 출처, 소유권의 이력, 희소성 등이 명확하게 기록되고 투명하게 공개되며 네트워크에 영원히 존재할 수 있다. 여기서 NFT가 의미를 갖는 것은 희소성 때문이다. 대체 불가능하다는 의미는 바로 유사한 다른 것과 자유롭게 교환하거나 대체할 수 없다는 것이다. 각각의 NFT는 고유하며 한 NFT를 다른 NFT로 교환하거나 대체할 수 없다. 모든 NFT는 암호화폐와 같은 기능을 하고 있지만, 암호화폐처럼 공급량을 여러 개로 만들지 않는다. 즉 NFT의 최대 공급량은 1이다. 참고로 비트코인의 최대 공급량은 2,100만 코인이다.

토큰과 코인의 차이는 자체 블록체인을 가지고 있느냐 여부다. 코인은 자체 블록체인을 가지고 있지만 토큰은 자체 블록체인이 없어 이더리움 같은 다른 코인의 블록체인을 사용한다. 최근 이더리움의 거래량이 많은 것은 이더리움 블록체인을 사용하는 토큰이 점차 늘어나고 있는 것과 연관이 깊다.

세 번째 고개 : 암호화폐의 대명사 비트코인은 은행을 미워한다?

최초의 암호화폐는 비트코인이다. 비트코인은 2008년 10월 사토시 나카모토가 발표한 논문에서 처음 등장했으며, 2009년 1월 처음 발행되었다. 2009년 2월에는 프로그램이 공개됐다. 이 때 사토시 나카모토는 "중앙은행은 법정통화 가치에 논쟁의 여지가 없도록 신뢰를 받아야 하지만, 화폐의 역사는 그런 신뢰를 완전히 저버린 사례로 가득하다. 은행은 우리의 돈을 안전하게 보관해야 하지만, 그들은 무분별한 대출로 신용 버블을 유발했다"고 기존 금융을 비판했다. 사토시 나카모토는 은행을 배제한 암호화폐를 만들면서 이중 지불을 막기 위해 P2P 네트워크를 활용하는 기술, 즉 블록체인을 고안하게 되었다.

사토시 나카모토가 이처럼 은행을 신랄하게 비판하게 된 배경에는 2007년 서브프라임 모기지 부실과 파생상품 손실에서 비롯된 2008년 리먼브라더스 파산이 있다.

은행은 주택 구입자에게 주택을 담보로 자금을 대출해주고 이자 수입을 얻는다. 이것이 주택담보대출인 모기지론이다. 그 당시 미국 은행에서는 모기지론을 통해 대출이 나간 돈을 다시 담보로 투자를 받아 다른 사람에게 대출한다면 이자 수입을 더 얻을 수 있다고 생각했고 ABS(자산유동화증권) 또는 ABS의 일종인 MBS(주택저당증권)를 발행했다. 이렇게 은행에서 대출해주고자 하는 자금이 늘어나면서 시중에 많은 돈이 풀리게 되었고 사람들이 집을 사기 시작하자 부동산 가격이 폭등했다. 부동산 가격이 오르자 많은 사람들이 돈을 빌려 주택을 구입했다.

미국의 은행들은 늘어나는 대출 수요를 감당하기 위해 ABS를 한 단계 더 굴린 CDO(부채담보부증권)를 만들었다. 이는 각기 다른 지역의 ABS 중 등급이 낮은 고위험군을 모아 집합화한 이후 다시 등급을 나누어 발행한 상품이다. 고위험군을 모았지만 특정지역이 아니라 전국적으로 모았기 때문에 전국에서 한꺼번에 부도가 일어날 가능성은 낮다고 보았다.

미국 은행들이 발행한 CDO는 미국뿐만 아니라 세계 각지 투자자들의 돈을 끌어 모았다. 결국 돈을 갚지 못할 확률이 높은 신용등급이 낮은 저소득층에게 주택자금을 빌려주는 서브프라임 대출(비우량 주택담보 대출)을 양산했고 나중에는 재산이나 수입이 없어도 신청만 하면 대출을 해주었다. 심지어 죽은 사람의 이름을 도용해 신청해도 대출이 나왔다.

결국 집값이 떨어지기 시작하면서 집을 팔아도 은행 대출금을 갚기가 불가능해졌고 다수의 서브프라임 고객은 돈을 갚지 않겠다고 선언했다. 거품이 꺼지면서 경제도 불황에 빠졌고 일자리도 줄었다. 무리해서 집을 산 사람들은 위기에 처했다. CDO 수익률은 마이너스를 기록하고 서브프라임에 투자되었던 수조 달러의 돈이 날아갔다.

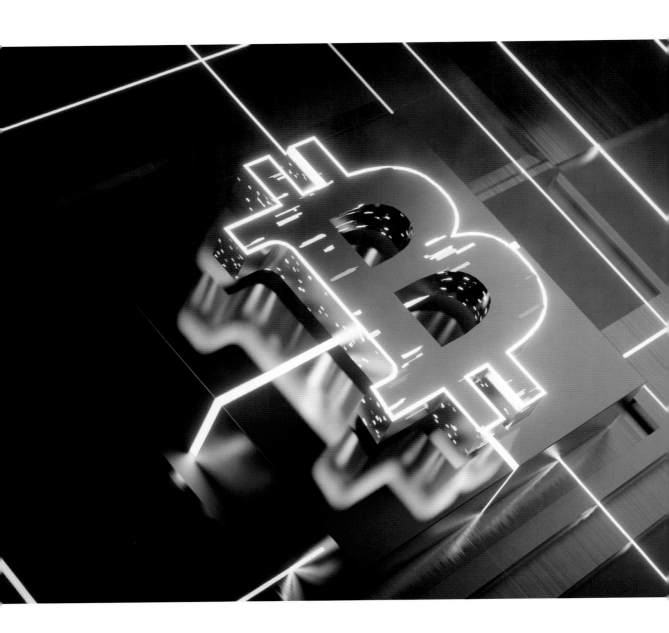

투자자들은 투자했던 자금을 회수하려 들고, 대부분의 자산을 CDO
로 가지고 있던 투자은행과 금융기관은 파산하거나 큰 어려움에 처
하게 되었다.

　당시 미국의 4대 투자은행이었던 리먼브라더스홀딩스도 다량의

질적으로 테라=1달러를 유지할 수단이 없다는 것이다. 예를 들면, 은행의 총자산이 고객들의 예금 총액보다 낮아지면 은행이 예금을 지급하지 못할 것이 예상되므로 고객들이 대규모로 예금을 인출하는 사태가 발생하는 것과 같다. 이런 구조는 암호화폐 시장이 상승세일 때에는 큰 문제가 없을지 모르지만 시장이 얼어붙을 경우 매수보다 매도가 많아지면 무너지게 된다.

그리고 실제 이런 일이 일어날 것이라고 예견하고 경고한 보고서도 있었다. 지난해인 2021년 11월 미국 조 바이든 대통령 산하 금융시장 실무그룹은 스테이블 코인이 금융시장에 미칠 위험성을 평가하고 그 대안을 권고한 〈스테이블 코인 보고서〉를 발간했다. 이 보고서는 스테이블 코인이 기대대로 작동하지 않을 것이라는 단순한 전망만으로도 해당 코인의 대량 인출 사태가 벌어질 수 있다고 강조했다. 즉, 스테이블 코인 투자자들이 불안감에 상환을 요구하면 발행자는 준비자산을 헐값에 팔게 되고 이 상황에 더 불안해진 투자자들이 더욱더 상환을 요구하면서 준비자산의 투매가 심화되는 악순환이 발생한다고 경고한 것이다. 테라와 루나 폭락 사태도 이와 유사하게 스테이블 코인인 테라와 테라의 가치를 담보하는 루나의 가격이 동반 하락하는 현상이 일어난 것이다.

2022년 3월 미국 연방준비제도는 기준금리를 0.25% 포인트 올린 데 이어 5월 초에는 0.5% 포인트 올렸다. 40여 년 만에 찾아온 인플레이션을 잡기 위한 조치였는데 이처럼 미국의 공격적인 금리 인상은 암호화폐 가치 하락을 부채질했다. 결국 가상자산 시장이 전체적으로 10% 이상 하락하자 테라 코인을 파는 고객들이 늘어났다. 이 때 테라 가격이 1달러보다 낮아지자 차익을 노리는 사람들이 테라를 매수하기 시작했다. 그러나 며칠 동안 가격이 회복되지 못하고 테라 가치가 15% 이상 하락하면서 0.8달러까지 무너지자 투자자들이 일제히 매도를 시작했다. 시장에 테라 물량이 늘어나자 루나 코인의 공급량을 증가시켰고 결국 테라의 가치를 유지하는 역할을 하는 루나도 동반하락을 시작하면서 폭락이 이루어졌다. 한 때 테라 코인의 시가 총액이 170억 달러(약 21조 원)을

넘었으나 99.99% 하락을 하면서 결국 업비트 등 국내 암호화폐 거래소
에서 퇴출되었다.

테라–루나 코인 폭락, 그 이후

테라–루나 코인이 폭락한 뒤 암호화폐 시장도 폭락하면서 홍콩의 암
호화폐 대출기업 바벨파이낸스 인출 중단, 암호화폐 거래소 코인플렉스
인출 중단, 싱가포르의 암호화폐 대출업체 볼드의 인출 중단 및 모라토
리엄(채무지불 유예) 선언, 미국 암호화폐 담보대출업체 셀시우스 인출 중
단 및 파산 신청, 미국의 가상화폐 헤지펀드(단기이익을 목적으로 소수의 거액 투
자자들이 투기적으로 운용하는 투자신탁)인 쓰리애로우즈캐피탈 파산 선고, 암호
화폐 거래 플랫폼 보이저디지털 파산 신청 등이 줄줄이 이어졌다.

국내에서도 많은 투자자들이 피해를 입었다. 금융위원회 금융정보분
석원은 국회에서 열린 '디지털 자산 기본법 제정과 코인마켓 투자자 보
호 대책 긴급점검 간담회'에서 2022년 5월 18일 기준 루나 보유 상황에
대해 국내 이용자가 28만 명, 이들의 보유량은 809억 개(시총 약 339억 원. 국

내 가상자산 시가총액 대비 0.08%)로 추산된다고 밝혔다.

　　2022년 6월 완도 앞바다에서 숨진 채 발견된 조 씨 부부는 실종되기 전 인터넷에 수면제와 루나 코인을 검색한 것으로 알려졌다. 이 때문에 이 가족의 극단적 선택과 루나 코인이 어떤 관계가 있을 것으로 추측하고 있다.

　　이번 테라-루나 코인 사태의 원인에 대해서는 운영진들의 사기극, 미국의 규제 검토로 인한 투자심리 위축, 페깅(암호화폐의 가치를 고정시키는 것)의 취약성을 노린 대규모 공격 등 다양한 요인들이 제기되었으나 아직까지 구체적으로 밝혀지지 않았다.

　　한편, 권도형 대표와 공동창립자 신현성 의장 등은 사기와 유사수신행위법 위반 등의 혐의로 고소 고발됐다. 피해자들은 권 대표 등이 테라를 사서 다시 맡기면 연이율 20%를 보장해 주겠다고 홍보해 투자자를 끌어들인 것이 사기에 해당한다고 주장하고 있다. 사건을 접수한 서울남부지검은 금융증권범죄 합동수사단과 금융조사2부 검사들로 팀을 꾸려 수사를 진행하고 있다.

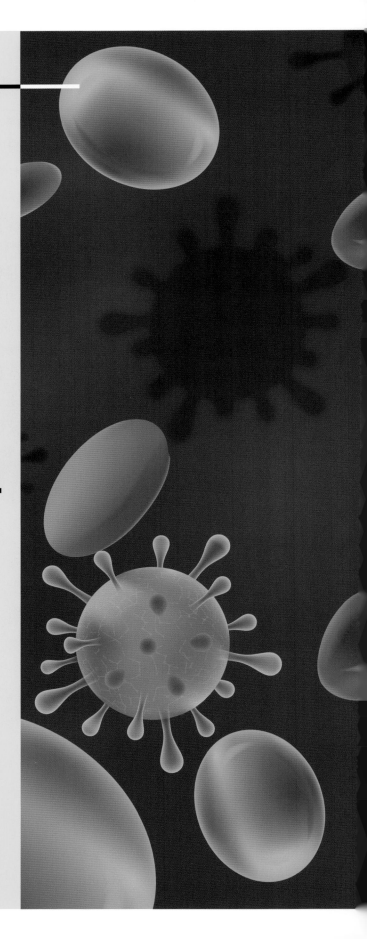

코로나19·
변이바이러스

박호근

MBN 기자

2000년 8월 세계일보에서 기자 생활을 시작했다. 통일부 출입
때 북한이탈주민 200여명을 취재해 쓴 기획 기사 '2004 탈북자
실태보고서'로 이달의 기자상을 수상했다. 공동기자단으로
평양을 두 차례 방문하기도 했다. 2009년 5월 MBN으로 옮겨
정치부, 경제부, 산업부 등을 거쳐 현재 전국부장을 맡고 있다.

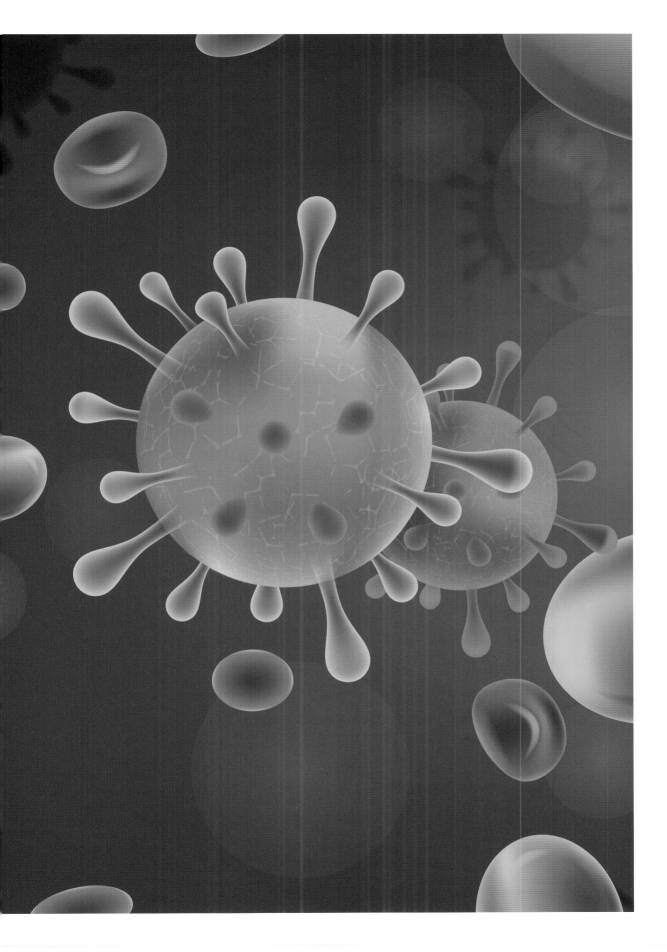

한국 정부는 표기는 영문 그대로 COVID-19로 하되 부를 때는 익숙한 코로나를 넣어 '코로나19'로 하기로 했다.

거브러여수스 WHO 사무총장은 공식 명칭과 관련해 "지리적 위치와 동물, 개인, 집단을 지칭하지 않는 이름을 찾으려고 했다"고 설명했다.

앞서 WHO는 2015년 새로운 전염병의 이름을 지을 때 특정 지역이나 사람, 동물 이름을 사용하지 말라고 권고했었다. 해당 지역과 민족 등에 미칠 부정적 영향, 다시 말해 '낙인 효과'를 방지하기 위해서다. 실제로 과거에는 새로운 질병이 발생하면 주로 지명을 넣은 이름을 사용했다. 2015년 한국에서 38명의 목숨을 앗아간 메르스Middle East Respiratory Syndrome는 '중동호흡기 증후군'이라는 뜻이다. 2012년 사우디아라비아에서 처음 발견된 뒤 중동 지역에서 많이 발생해 붙여진 이름이다. 에볼라 바이러스Ebola Virus는 독일의 미생물학자가 콩고 민주공화국의 에볼라강에서 발견했기 때문에 유래됐고, 지카 바이러스 역시 우간다의 지카숲과 관련이 있다.

WHO, 중국 눈치 보기?

코로나19는 새로운 질병 이름에 지역명을 넣지 말라는 권고를 따랐다고 했음에도 한편에서는 WHO가 중국의 눈치를 많이 본 것 아니냐는 지적도 나왔다.

WHO의 친중 논란은 거브러여수스 사무총장이 중국과 긴밀한 관계에 있다는 주장이 뒷받침했다. 거브러여수스가 사무총장직을 놓고 데이비드 나바로 전 WHO 에볼라 특사와 경쟁했을 때 중국이 강하게 밀어줬기 때문에 선출될 수 있었기 때문이다.

'우한 폐렴' 또는 '우한 코로나'를 COVID-19로 이름을 바꾼 것 외에도 WHO가 중국을 의식한다는 의심은 또 있었다.

보통 대규모 질병이 발생하면 WHO는 '국제 공중보건 비상사태PHEIC'를 선포하게 된다. 에볼라 바이러스와 지카 바이러스 발생 때도 비상사태가 선포됐다. WHO 회원국은 PHEIC를 감지한 뒤 24시간 이내에

WHO에 통보할 의무가 있다. 통보를 받은 WHO는 비상사태 확대를 방지하기 위한 신속한 조취를 취해야 한다. 법적 구속력이나 강제력은 없지만 WHO는 출입국 제한을 권고할 수 있다.

그런데 2020년 1월 23일 당시 '우한 폐렴'은 한국을 비롯해 여러 나라로 번지고 있었지만, WHO는 국제적인 비상사태로 선포할 단계가 아니라고 했다. 이 때 '우한 폐렴' 확진자는 584명, 사망자는 17명이었다. 이후 일주일이 더 지난 뒤인 1월 30일 PHEIC를 선언했고, 코로나19가 아시아를 넘어 유럽과 미국, 아프리카까지 번지자 3월 11일 대유행을 뜻하는 팬데믹을 발표했다.

WHO가 중국의 반발을 의식해 국제 공중보건 비상사태 선언을 늦게 하면서 초기 방역에 실패해 코로나19가 걷잡을 수 없이 전 세계로 퍼지게 했다는 지적도 나왔다.

빠른 확산과 치사율 공포

2019년 말 중국에서 처음 발생한 것으로 알려진 코로나19는 이듬해인 2020년 1월 중하순부터 한국을 비롯한 동아시아와 동남아시아로 퍼져나갔다. 그해 2월 하순부터 3월 초에는 전 세계적으로 번졌다. 게다가 봄철에 유럽과 미국 북동부에 넘어가면서 변이까지 되면서 매일 수천 명에서 수만 명의 신규 확진자가 나타났다.

이탈리아와 스페인, 프랑스 등에서는 전국 봉쇄령과 외출금지령이 내려졌다. 폴란드와 덴마크 등에서는 국경폐쇄 조치까지 취했다. 이런 강경책이 나온 가장 큰 이유는 확진자 급증 뿐 아니라 사망자 증가 추세가 뚜렷했기 때문이다. 2~3%였던 코로나19 치사율이 4~8%까지 치솟으며 심각한 상황으로 치달았고 그만큼 공포감도 커졌다. 여름이 시작되는 6월부터 유럽의 코로나19 확산 속도는 수그러들었지만 미국과 인도, 브라질 등에선 하루 수만 명씩 확진자가 속출했다. 그나마 다행인 것은 각 나라에서 이렇게 대유행을 경험하고 나면 치사율이 떨어졌다는 점이다.

전 세계가 휘청거렸다

코로나19가 세계로 확산하면서 전 지구가 몸살을 앓았다. 2020년 한 해 동안 8,325만여 명이 감염됐고, 181만여 명이 숨졌다. 이런 인명 피해 뿐만 아니라 경제적, 사회적 피해도 컸다. 관광과 문화 업종은 매출이 90% 이상 감소해 고사하는 업체가 늘었다. 정치, 경제, 문화, 외교까지 코로나19 영향을 받지 않은 분야가 없었다. 스페인 독감 이후 100여 년 만의 최악의 전염병이라는 평가가 나올 정도였다. 그해 열릴 예정이던 대규모 행사들이 줄줄이 취소되거나 연기됐다. 2020 도쿄 올림픽과 UEFA 유로 2020, 2020 두바이 엑스포가 1년 연기됐고 그 밖의 칸 국제영화제 등 세계적인 여러 행사와 축제들도 잇달아 취소됐다.

신천지 교회와 이태원 클럽

한국에서 2020년 1월 20일 첫 확진자가 나온 뒤 하루에 한 두명 씩 나왔고 확진자의 동선을 공개하고 추적하면서 감염 전후 만난 사람을 찾아내 격리시켜 확산을 막았다. 그런데 한 달 쯤 지난 2월18일 31번째 확진자가 나오면서 상황은 급변했다. 신천지예수교 증거장막성전 대구교회에서 코로나19 집단감염이 발생하면서 전국적으로 대확산이 일어났다.

신천지 교회 신도였던 31번 환자는 증상이 있었는데도 교회 예배를 갔고 다음 날 20명의 추가 확진자가 발생했다. 이후 신천지 교인을 중심으로 확진자가 대량으로 쏟아져 나왔다. 한국의 확진자 수는 신천지발 확산 전 30명에서 수천 명으로 증가했고 유럽 확산이 본격화하기 전인 3월 10일 이전까지 확진자 수 순위에서 중국에 이어 세계 2위를 기록했다.

신천지 교회와 연관된 확진자는 5,214명이으로, 이 종교의 폐쇄성과 은폐성이 일으킨 대형 사건으로 평가됐다. '1차 대유행'으로 불린 이 사건으로 신천지 교주 이만희 씨는 방역 방해 혐의로 구속됐고 교인 명단과 위장시설도 공개됐다.

신천지 사태 이후 4월에는 하루 신규 확진자 수가 한 자릿수로 줄었다. 코로나 방역 전쟁이 끝나는 듯 보였다. 한국의 코로나19 방역이 모범사례로 꼽혀 이른바 K-방역으로 전 세계에 알려지던 때이다.

정부의 중앙재난안전대책본부도 사회적 거리두기 일부 완화를 발표했다. 하지만 4월 30일 부처님오신날부터 5월 5일 어린이날까지 이어지는 황금연휴 기간에 또 일이 터졌다. 2020년 5월 7일 지역감염자 용인 66번 확진자가 연휴기간에 서울 용산구 이태원 클럽을 갔던 사실이 드러났는데, 이후 이태원 클럽발 집단감염이 확인됐다.

이처럼 국내 코로나19 확진자는 어떤 기점으로 폭발하듯 크게 확산했다가 잠잠해지기를 반복했다. 특히 이동과 접촉이 많은 연휴나 휴가철, 명절 때 확진자가 증가하는 추세를 보였고, 이에 사회적 거리두기를 강화하면 다시 추춤해지는 모습을 반복했다.

조였다 풀었다 한 사회적 거리두기, '한 명만 만날 수 있다'

한국 정부는 신천지 교회발 1차 대유행이 진행되던 2020년 3월부터 '사회적 거리두기' 정책을 시행했다. 모임 등 사회적 활동을 최소화해 집단감염을 사전에 차단하겠다는 취지로 만든 일종의 생활방침을 정한 것이다. 2020년 12월 연말부터 4명까지만 모일 수 있게 제한했고, 급기야 이듬해 7월에는 저녁 6시 이후 2명까지만 모임을 허용했다. 다시 말해 1명 만 만날 수 있는 사실상 '야간 통금'에 들어간 셈이다.

2021년 11월에는 '위드 코로나'를 선언하며 식당 등 영업제한을 풀었다가 12월에 다시 모임은 4명까지 영업은 밤 9시까지로 제한하며 고강도 거리두기로 되돌아갔다. 그러다 올해 3월 방역패스를 해제했다. 방역패스는 백신을 접종했다는 사실을 휴대폰으로 보여주는 일종의 확인서인데, 이게 없으면 다른 사람과 식당 등을 이용할 수 없게 했는데 이 제도를 폐지한 것이다.

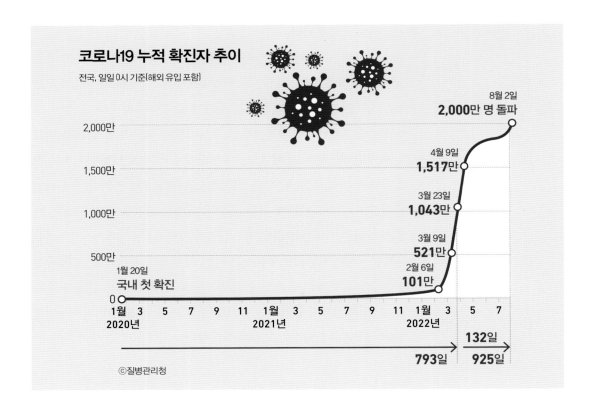

코로나19 누적 확진자 추이

전국, 일일 0시 기준(해외 유입 포함)

8월 2일
2,000만 명 돌파

4월 9일
1,517만

3월 23일
1,043만

3월 9일
521만

2월 6일
101만

1월 20일
국내 첫 확진

2,000만

1,500만

1,000만

500만

0

1월　3　5　7　9　11　1월　3　5　7　9　11　1월　3　5　7
2020년　　　　　　　2021년　　　　　　　2022년

793일　　**925일**

132일

ⓒ질병관리청

자율방역으로 전환

2년 넘게 강약을 조절하며 유지됐던 사회적 거리두기가 올해 4월 18일부터 해제됐다. 그전까지 밤 12시까지였던 식당과 카페 등 다중이용시설 영업시간 제한과 10명까지 허용되던 사적 모임 인원 제한을 없앴다. 299명까지였던 행사 인원 제한도 풀렸다. 정부는 "방역상황이 안정되고 의료체계의 여력이 확인됨에 따라 그동안 방역조치의 중요한 상징으로 여겨졌던 사회적 거리두기 조치를 과감하게 해제하고자 한다"고 밝혔다.

그로부터 일주일 뒤인 4월 25일에는 질병청 고시를 통해 코로나19 감염병 등급을 1등급에서 2등급으로 조정했다. 2등급으로 하향되면 확진자 격리 의무를 권고로 바꿔야 하지만 코로나19 확산세가 이어지고 있어 7일 격리 의무와 재택 치료는 유지했다.

기적 같은 백신 개발, 10년에서 1년으로 단축

코로나19를 겪으면서 알게 된 긍정적인 면을 꼽는다면 발달한 인류 과학기술을 확인했다는 점이다. 코로나19가 처음 등장한지 채 1년도 되지 않아 백신이 만들어졌다. 길게는 10년 이상 걸렸던 과거의 백신 개발 시간과 비교하면 혁신을 넘어 기적에 가까웠다. 1년에서 2년 반 정도 걸렸던 사전임상 단계를 생략하고 보통 각각 2년 반씩 소요됐던 1, 2차 임상을 6개월씩으로 단축시켰다. 여기서 해당 정부가 긴급 사용 승인을 내리면서 또 2년 반의 시간이 필요했던 3차 임상을 실제 접종으로 대체한 셈이다. 이렇게 빨리 백신을 개발한 데에는 빠른 제조 방식도 한몫 했다. 전통적인 방식은 바이러스의 단백질, 다시 말해 항원을 바깥에서 직접 만들어 몸속에 투여해 항체가 만들어지게 한다. 이런 항원 재조합 방식으로 만든 대표적인 코로나19 백신은 노바백스다.

그런데 이보다 개발 기간이 짧은 방식은 mRNA 백신이다. 병원균의 항원을 직접 몸 속에 투여하지 않고, 유전물질을 이용해 세포 안에서 합성함으로써 항원을 투여한 것과 같은 효과를 내는 것이다. 병원체의 항원에 해당하는 정보를 담고 있는 유전물질을 체내에 주입하면 항원이 될 수 있는 부분을 선택해 유전정보를 전달함으로써 실제 항원이 만들어지게 한다. 다시 말해 mRNA 백신은 병원체의 단백질인 항원을 몸 속에서 만들게 유도하는 설계도 역할을 하는 것이다.

이런 mRNA 방식은 개발과 생산에 걸리는 시간이 짧다는 장점이 있지만 유통하기가 까다로운게 단점이다. 화이자 백신은 영하 70도, 모더나는 영하 20도에 보관해야 했다. 그럼에도 mRNA 방식인 화이자와 모더나 백신이 세계적으로 많이 접종된 것은 높은 예방효과 때문이다. 화이자 백신의 예방효과는 95%, 모더나는 94.1%로 알려져 있으며 70% 정도인 아스트라제네카와 66%인 얀센에 비해 높다.

한편 코로나19 백신 접종을 제일 먼저 시작한 나라는 영국이다. 영국 정부는 가장 빠르게 화이자 백신 사용을 승인했고, 2020년 12월 8일 전국에서 80세 이상 노인 등에게 화이자 백신을 접종했다. 한 번도 경험하지 못한 바이러스에 쩔쩔매던 인류가 반격을 시작한 셈이다. 화이자 백신은 미국 제약회사 화이자와 독일 바이오엔

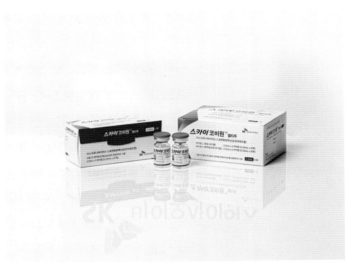

대한민국 1호 코로나19 백신
'스카이코비원'
©SK바이오사이언스

테크가 공동개발한 백신이다. 중국은 시노팜, 러시아는 스푸트니크V 라는 백신을 자체 개발했다.

한국의 '1호 백신'은 SK바이오사이언스가 개발한 스카이코비원이다. 올해 9월 2일 안동공장에서 처음 출하돼 9월 5일부터 접종에 들어갔다. 스카이코비원은 노바백스처럼 전통적인 방식인 항원재조합으로 만든 백신이다. 그동안 심장에 염증이 생기는 심근염 등 mRNA 백신의 부작용을 우려해 접종을 미루거나 피했던 사람들이 국내 백신을 선택할 것이라는 기대 섞인 전망도 나왔다.

백신이 나와도 코로나가 사라지지 않은 이유는 '변이'

코로나19 백신이 개발돼 전 세계에서 대규모로 접종했지만 코로나19가 사라지지 않은 이유는 이 바이러스가 변종을 일으키기 때문이다. 2019년 중국 우한시에서 검출된 코로나19 바이러스를 분석한 유전체와 다른 새로운 변이가 계속 나타나고 있다.

2020년 12월 1일, 영국에서 처음 코로나19 변이 바이러스 B.1.1.7이 발견되었는데, 알파라는 이름이 붙었다. 세계보건기구 WHO는 2021년 6월 1일, 숫자와 알파벳으로 된 기존 변이명이 너무 길어서 사용하기

힘들고, 처음 발견된 지역 이름을 붙이면 낙인효과가 우려된다며 바이러스 명칭을 그리스 문자로 바꾸기로 했다.

알파에 이어 2020년 6월 남아프리카공화국에서 처음 발견된 변이바이러스 B.1.351을 베타로 이름 붙였고, 그해 9월 브라질에서 나온 변이 바이러스를 감마, 이어 10월 인도에서 발견된 변이 바이러스를 델타라고 불렀다. 다음 해인 2021년 11월 보츠와나에서 처음 확인된 변이 바이러스가 오미크론이고 올해(2022년) 1월 키프로스에서 발견된 바이러스에는 델타크론이라는 이름을 붙였다.

초기에 나온 알파와 베타, 감마를 비롯해 전파 속도가 빨라 우세종으로 자리 잡은 델타와 오미크론은 그나마 많이 알려진 변이들이다. 이밖에도 제타, 세타, 요타 등 여러 변이가 더 있지만 WHO에 개별 문서가 없을 정도로 잠깐 나타났다 사라졌다고 보면 된다.

이러한 변이 바이러스가 계속 나오기 때문에 백신을 맞았더라도 또 감염될 수 있다. 새로운 변이가 나올 때마다 그것에 맞는 백신을 만들어내는 것도 어렵다. 예를 들어 변이 델타를 예방할 수 있는 백신을 1년에 걸쳐 개발하더라도 이미 다른 변이가 우세종이 돼 있으면 아무런 소용이 없어지게 된다. 따라서 계속 변이가 나오면 코로나19 종식은 불가능하다는 의견도 나온다.

다만, 어떤 새로운 변이가 만들어지더라도 모두 대항할 수 있는 백신을 만든다면 얘기는 달라진다. 최근 이스라엘 텔아비브대학 연구팀이 현재까지 확인된 모든 종류의 코로나19 변이를 무력화하는 항체를 찾았다고 밝혔다.

코로나19 종식은 언제?

미국의 여러 주와 덴마크, 노르웨이, 스웨덴 등 유럽의 많은 국가가 지난 2월 이미 방역 규제를 대부분 해제했다.

캐시 호컬 뉴욕 주지사는 지난 2월 9일 사업장과 점포에 대해 실내 마스크 의무화를 해제한다고 발표했다. 오미크론 변이의 대확산이 지나간

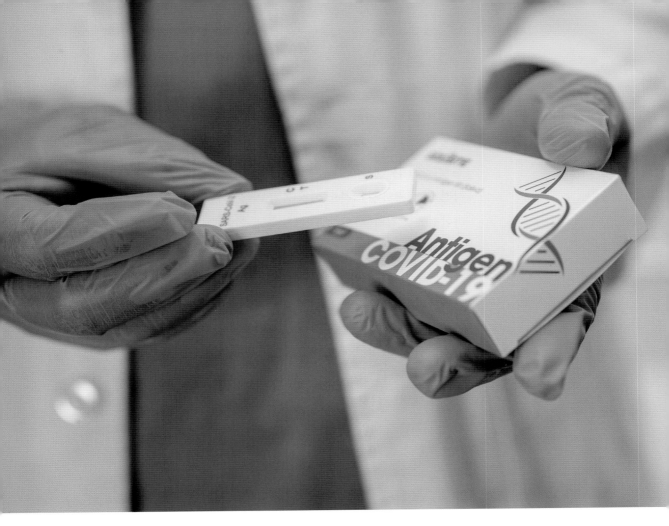

뒤 팬데믹으로 인해 탈진한 미국 국민들이 방역 해제를 압박하자 주지사들이 서둘러 전환한 것으로 풀이된다.

이러한 배경에는 몇 가지 이유가 더 있다. 이미 코로나19에 걸린 사람들이 많고 백신을 접종한 국민들도 다수를 차지하기 때문에 초기처럼 대규모 확산 가능성이 낮아졌다. 어느 정도 재확산이 일어날 수 있지만 적정한 선에서 정점을 찍고 수그러든다는 것이다.

또한 감염으로 인한 항체와 백신 효과로 코로나19에 감염되더라도 중증으로 갈 확률이 떨어졌다고 전문가들은 분석한다. 게다가 새로 나타나는 변이 바이러스의 치명률이 높아지지 않는다는 것도 방역 해제를 가능하게 하는 요소로 작용하고 있다.

이렇게 되면 코로나 바이러스는 치명률이 점점 떨어지면서 독감처럼 취급되다가 사라질 수 있다는 관측에 힘이 실리고 있다. 다만, 그 과정에서 강력한 신종 변이가 나타나면 다시 방역을 강화했다가 해제하는 일은 몇 차례 더 반복될 수 있다. 이런 자연도태설 외에도 여러 변이 바이러스에 견디는 혁신적인 백신이 나오거나 치료제가 개발되면 전 세계와 인류를 괴롭힌 코로나 바이러스는 정복될 수 있을 것이다.

전파력 낮지만 치명률 높은 원숭이두창

원숭이두창이란 무엇인가?

원숭이두창Monkeypox은 원숭이두창 바이러스Monkeypox virus에 감염되어 발생하는 희귀질환을 말한다. 이 질병이 처음 발견된 것은 1958년이다. 연구용 원숭이들에서 수두와 비슷한 질환이 나타났을 때 처음 발견돼 '원숭이두창'이라는 이름이 붙여졌다.

원숭이두창에 사람이 감염된 사례는 1970년 콩고민주공화국에서 처음 보고되었다. 이후 가봉과 나이지리아, 중앙아프리카공화국, 코트디브아르, 콩고, 카메룬 등 중·서부 아프리카 국가에서 보고되면서 풍토병화 되었다.

얼마나 확산하고 있나?

주로 아프리카 지역에서 발생했던 원숭이두창이 올해(2022년) 5월 이후 스페인과 영국, 이탈리아 등 유럽을 비롯해 미국 등 다른 나라에서도 확인되면서 대유행 우려가 커졌다.

올해 9월 초 현재 전 세계 80여개 나라에서 원숭이두창 감염자가 발생했다. 특히 미국에서 감염자가 가장 많은데 2022년 9월 8일 현재 2만 1,283명이 감염돼 1명이 숨졌다. 유럽에서는 스페인에서 가장 많이 발생했는데 6,749명이 걸려 2명이 목숨을 잃었다.

한국도 지난 6월 8일 원숭이두창을 2급감염병으로 지정하고 감시를 강화했지만 9월 초 현재 2명의 감염자가 발생했다. 첫 확진자는 지난 6월 21일 독일에서 귀국한 내국인이고 두 번째 감염자도 유럽 방문 후 지난 8월 18일 입국한 내국인이다.

K방역도 원숭이두창에 뚫렸다?

지난 6월 국내 원숭이두창 1호 감염자가 입국했을 때 미열(37.0℃)과 인후통, 무력증, 피로 등 전신증상을 비롯해 피부 증상을 보였지만 공항 검역대를 무사히 통과했다. 이후 공항 로비에서 본인이 스스로 방역 당국에 신고했다. 지난 8월에 입국한 두 번째 확진자는 귀국 후 2주가 지나서야 의심환자로 분류됐다. 이 환자는 입국 당시에는 증상이 없었는데 10일 후 발열과 두통, 어지러움 등 증상이 나타났다. 발진은 얼굴, 입, 손, 가슴, 항문 근처에서 나타날 수 있다. 원숭이두창은 잠복기가 길게는 21일이나 돼 이런 현상이 나타날 수 있다. 문제는 증상이 발현한 이후 감염이 확인되기까지 5일이나 걸렸다는 점이다. 원숭이두창 방역 체계를 강화해야 한다는 목소리가 나오는 이유다.

그렇게 겁먹을 필요는 없다?

세계보건기구 WHO에 따르면 최근 원숭이두창 치명률은 3~6% 정도이다. 코로나19와 비교하면 높은 편이다. 특히 신생아와 어린이, 면역저하자가 감염되면 심각한 증상으로 진행될 수 있다.

하지만, 이런 위험성에도 공포감이 상대적으로 크지 않은 이유는 확산 속도가 코로나19와 같은 호흡기감염병보다 낮기 때문이다.

원숭이두창은 사람과 동물로부터 감염될 수 있는 인수공통감염병이다. 원숭이두창 바이러스에 감염된 사람을 비롯해 쥐나 다람쥐, 원숭이 등 동물 또는 바이러스에 오염된 옷 등 물질과 접촉했을 때 감염될 수 있다. 현재 동물에게서 유래해 인간을 공격하는 인수공통감염병은 전 세계적으로 250여 종에 이른다.

침(비말)을 통한 감염도 가능하지만 밀폐된 공간에서 1m 이내, 3시간

issue
07 누리호 발사 성공

중력을 거스르는 일 중 가장 멋진 건 로켓이 아닐까? 불기둥을 뿜으며 지상을 박차고 하늘로 치솟는 로켓은 보기만 해도 속이 다 시원하다. 남의 나라 일처럼 여겨지던 일이 우리나라에서도 일어났다. 누리호 얘기다. 대한민국 우주항공사에 새 역사를 쓴 누리호는 어떻게 우리에게 왔을까.

'우주 시대 새역사' 썼다

2022년 6월 21일 오후 4시 전남 고흥군 나로우주센터에서 한국형 발사체 '누리호KSLV-2'가 총 1.5톤의 성능검증위성과 위성모사체를 700km 궤도에 밀어 올려놓는 데 성공했다. 두 번째 도전 끝 성공이었다. 이로써 우리나라는 세계 7번째로 1,500kg급 실용 위성을 지구 저궤도(600~800km)에 수송할 수 있는 능력을 확보한 국가가 됐다. 대한민국 우주 개발사에 큰 획을 그은 날이다.

누리호는 지상을 벗어난 후 16분간 성공적인 비행을 마쳤다. 한국항공우주연구원(항우연)의 원격 수신 정보 초기 분석 결과에 따르면 누리호는 발사 후 정해진 시퀀스에 따라 123초에 고도 약 62km에서 1단 분

국내 기술로 개발된 한국형 발사체 누리호(KSLV-Ⅱ)가 전남 고흥군 나로우주센터에서 2차 발사되고 있다. 이번 2차 발사는 한국이 독자 개발한 발사체에 실제 기능을 지닌 독자 개발 인공위성을 실어서 쏘는 첫 사례다. (2022.6.21.) ©연합뉴스

리, 227초 고도 202km에서 페어링 분리, 269초에 고도 273km에서 2단 분리, 875초 고도 700km에서 성능검증위성을 분리했다. 945초에는 위성 모사체 분리까지 성공, 비행 전 과정을 정상적으로 완료했다.

1차 발사 당시 3단 엔진이 46초를 남기고 일찍 연소해 미완의 성공으로 남은 것과 달리 순조로운 진행이었다. 이날 오후 5시 10분 이종호 과학기술정보통신부 장관은 누리호 발사 결과 브리핑을 통해 "누리호는 목표 궤도에 투입돼 성능검증위성을 성공적으로 분리하고 궤도에 안착시켰다"며 누리호 발사의 성공을 알렸다.

'순수 우리 기술' 누리호

누리호는 발사체뿐 아니라 발사 기반시설도 모두 국내 기술로 만들어졌다. 이는 사업 기획, 설계, 제작, 시험, 발사에 이르는 과정을 모두 국내에서 소화할 수 있다는 것.

이종호 과기정통부 장관은 "세계적으로 우리나라가 7번째 우주 발사체 기술 가지게 된 측면에서 역사적 의미가 있다고 생각한다"며 "우리나라가 다른 나라의 발사장이나 발사체를 빌리지 않고도 우리가 원할 때 우리가 우주로 나아갈 수 있는 발판을 마련했다고 생각한다. 대단히 큰 의미가 있다"고 설명했다.

자체 발사체 역량이 성장함에 따라, 그동안 '무조건' 다른 나라 발사

체와 발사장을 이용해야 했던 것에서 이제는 '국내'라는 선택지가 하나 더 생기는 셈이다. 발사 프로젝트 내용에 따라서는 국외 설비 이용이 유리할 수 있지만, 한국 입장에서는 국내 발사라는 선택지가 늘어나 안보와 산업, 과학기술 개발 측면에서 주도성을 확보했다는 의미가 있다.

특히 이번 누리호 사업으로 구축된 개발 생태계와 인프라 조성, 발사 인프라는 향후 한국 우주 산업의 밑거름이 될 전망이다.

누리호 성공으로 민간 우주개발, 이른바 '뉴 스페이스 시대'가 한국에도 열릴 것으로 기대된다. 누리호 개발에는 주요 30여개 기업을 중심으로 총 300여개 기업이 참여해 우주 개발 역량을 축적했다. 정부는 향후 기술 이전, 공공 수요 제공 등을 통해 우주 제조업부터 발사 서비스 산업 생태계를 유지해 나간다는 방침을 밝혔다.

대표적으로 액체 엔진 시험 설비가 구축됐다. 엔진 구성품 시험 설비(6종), 엔진 시스템 시험 설비(3종), 추진시스템의 지상 수류 시험, 지상 연소시험 등 추진시스템을 최종 검증하는 추진기관 시스템 시험 설비(1종) 등 총 10종의 설비가 확보됐다. 누리호 개발 초기에는 러시아 등의 시험 설비를 임차해 제한적으로 시험할 수밖에 없었다.

정부는 앞으로 누리호의 반복 발사를 통해 누리호의 신뢰성을 높이고, 민간 기업에 기술 이전을 해나간다.

이번 누리호 발사 성공은 우리나라가 독자적인 우주 운송 능력을 확보하고 자주적인 국가 우주 개발 역량을 온전히 갖추게 됐다는 점에서 큰 의의를 가진다. 이번 발사를 통해 우주 발사체 누리호 개발이 완료된 만큼 과기정통부는 오는 2027년까지 신뢰성 향상을 위해 4차례의 추가적인 반복 발사를 실시할 계획이다. 이종호 과기정통부 장관은 "정부는 앞으로 누리호 개발의 경험과 기술을 토대로 성능이 향상된 우주 발사체 개발을 추진하여, 우리나라의 위성 발사 능력을 더욱 향상해 나갈 계획"이라고 밝혔다.

궤도에 사출했다. 29일에는 조선대, 7월 1일에는 카이스트KAIST, 7월 3일에는 서울대, 7월 5일에는 연세대 제작 큐브위성이 우주로 쏘아졌다. 일종의 '미니 발사'였다. 2일간의 간격은 한번 성능검증위성에서 큐브위성을 내보내면 발생할 수 있는 진동이나 회전 현상 등을 안정화시키는 데 쓰인다.

성능검증위성은 자체 회전이 거의 없는 안정된 상태로 700km궤도에서 올라갔지만, 큐브 위성을 내보내면서 위성의 자세가 흔들리는 현상이 발생할 수도 있다는 것이다. 국내 기업이 만든 사출관을 통해 안에서 튕겨주면서 밀어주는 방식이어서 질량이 떨어져 나가면 관성모멘트라든지 질량 중심들이 변화 가능성이 있다는 것이다. 그 변화들을 확실히 잡아준 상태에서 천천히 하기 위해서 2일에 하나씩 사출했다. 일종의 '작용 반작용 법칙'이나 '운동량 보존 법칙'으로 이해할 수 있다. 성능검증 위성의 질량은 162.5kg, 큐브 위성은 약 3~9kg으로 그 영향은 작게 나타날 수 있지만, 영향 자체는 받는다는 분석이다.

조선대학교의 큐브위성은 적외선을 이용해 지구를 관측하고, 서울대의 위성은 GPS 반송파를 이용해 지구 대기를 관측한다. 또 연세대학교 위성은 미세먼지를 모니터링하고 KAIST 위성은 초분광 카메라로 지구를 관측할 예정이다.

카이스트 지상국은 카이스트 큐브위성으로부터 태정보(비콘신호)를 10여 차례 이상 수신했다. 첫 번째로 사출한 조선대 제작 큐브위성의 경우 지상국과의 첫 교신에서 20회의 통신 시도 중 2회만 성공했고, 교신 결과 미약한 상태정보가 3회 수신된 바 있다.

서울대 제작 큐브위성도 양방향 교신에 성공했다. 서울대 지상국은 안테나 전개 명령을 큐브위성에 송신했다. 위성은 이에 반응하여 안테나 전개부가 전개되고 상태정보를 전송했다. 양방향 교신에 성공한 이후, 큐브위성으로부터는 9번의 상태정보가 수신됐다. 위성의 상태 확인 결과 전원, 각속도, 자체개발 우주용 GPS 수신기(정상, 시각동기화 완료)등이

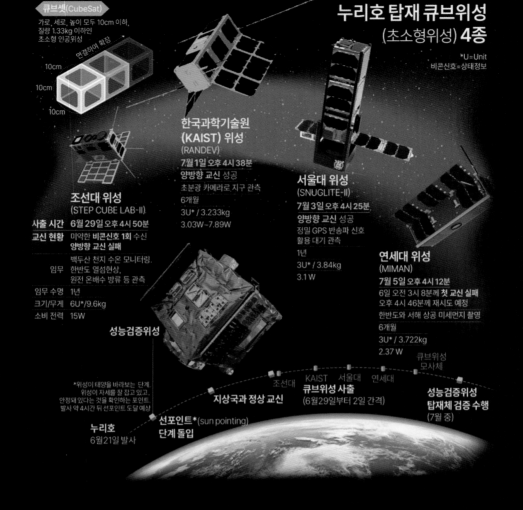

정상 범위로 확인됐다.

누리호에서 분리된 연세대 제작 큐브위성(꼬마위성)은 상태정보 수신에 실패했다. 연세대가 제작한 큐브위성은 누리호에 실린 4기의 큐브위성 중 하나로, 누리호에서 분리된 마지막 큐브위성이다.

북한도 반응(?)한 누리호 성공

북한도 누리호 발사 성공에 반응을 보였다. 북한은 한국형 우주 발사체 '누리호'의 2차 발사 성공을 겨냥, "전형적인 '내로남불'(내가 하면 로맨스 남이 하면 불륜)"이라고 비난했다.

북한 선전매체 통일의 메아리는 지난 7월 6일 '청취자 마당'에 게시한 '전형적 내로남불'이란 글에서 "북의 우주개발은 아무리 평화적 목적이어도 '도발'과 '위협'으로 제재 대상이고, 저들(남한)이 하는 건 장거리 미사일 개발과 우주 군사화를 노린 것이라도 '평화적 목적'이라며 아무 일 없는 듯한다"며 이같이 주장했다. 매체는 또 "(남측) 당국은 누리호 개발에 군사적 목적이 없다고 하지만 미국 언론들도 까밝혔듯 궁극엔 장거리 미사일 개발을 위해서가 아닌가"라고 반문하기도 했다.

북한은 그동안 자신들의 탄도미사일 및 장거리 로켓 개발·발사 국제 사회가 '도발' '위협'으로 규정하며 제재를 가해온 데 대해 '2중 기준' 적용이라며 반발해 왔다.

북한은 특히 올 2·3월에도 '평화적 목적'의 우주 개발 차원이라며 탄도미사일을 발사한 뒤 '정찰위성 개발을 위한 중요한 시험'을 했다고 주장했다. 그러나 한미 당국은 북한이 당시 신형 대륙간탄도미사일ICBM개발 시험을 한 것으로 판단했다. 통일의 메아리 '청취자 마당'에 게시된 이 글의 작성자는 서울 거주자로 표시돼 있으나, 우리 국민의 경우 일반적인 방법으론 이 홈페이지에 접속할 수 없다. 이 때문에 북한이 이번 누리호 발사 성공에 대한 첫 반응을 내놓으면서 마치 우리 국민이 쓴 것처럼 위장했을 가능성도 제기된다.

'초소형 군사위성' 발사에도 누리호 성공 활용될까?

누리호 발사 성공을 계기로 군 안팎에선 2020년대 중반 이후로 계획 중인 '초소형 군사 인공위성 발사'에도 누리호 기술을 활용할 수 있을 것이란 관측이 나오고 있다. 누리호가 총 1.5톤의 성능검증위성과 위성 모사체를 고도 700km궤도에 올려놓는 데 성공하면서 군이 추후 군사용 위성 발사에 사용할 수 있는 수단도 그만큼 다양해졌기 때문이다.

현재 우리 군은 독자적으로 운용하는 군사위성이 없어 대북 위성정보 수집 대부분을 미군 자산에 의존하고 있다. 이에 우리 군 당국은 합성개구레이더SAR를 탑재한 고성능 영상 레이더 위성 4기와 전자광학EO·적외선장비IR 탑재 위성 1기 등 고해상도 중대형 군사위성 5기를 오는 2024년까지 도입, 독자적인 대북 감시능력을 확보한다는 이른바 '425사업'을 진행 중이다. 각각 800kg급으로 알려진 이들 군사위성 5기는 일론 머스크가 세운 미국 우주탐사 기업 '스페이스X'의 로켓에 실려 내년 말부터 2025년까지 순차적으로 발사될 전망이다.

그러나 이들 군사위성 5기는 저마다 궤도를 따라 지구 주위를 공전하면서 약 2시간 주기로 한반도 상공을 지나기 때문에 이 사이 '감시 공백'이 생길 여지가 있다. 이 때문에 군은 무게 100kg 안팎의 초소형 군사위성을 더 띄워 그 공백을 막는다는 계획이다. 초소형 군사위성 32기를 운용할 경우 재방문 주기를 30분 이하로 줄일 수 있는 것으로 알려졌다. 즉, 위성영상의 해상도는 높지만 재방문 주기가 긴 '425사업' 위성들과 해상도는 상대적으로 낮지만 재방문 주기가 짧은 초소형 군사 위성들을 함께 운용해 시너지를 낼 수 있도록 한다는 것이다.

군 당국은 당초 국방과학연구소ADD가 올해 3월 30일 충남 태안 소재 종합시험장 인근 서해상에서 처음 발사해 성능 검증에 성공한 고체연료 추진 우주발사체를 초소형 군사위성을 쏴 올리는 데 활용할 계획이었다. 그러나 최근 누리호 발사 성공함으로 고체 추진 우주 발사체 뿐만 아니라 누리호 발사체를 초소형 군사위성 발사에 활용하는 것 역시 가능해졌다. 다만 군 관계자는 '누리호 발사 성공으로 우리 군도 대륙간탄도미사일ICBM을 개발할 수 있게 됐다'는 일부 관측에 대해선 "서로 다른 얘기"라고 선을 그었다.

누리호와 ICBM의 1단 추진체만 보면 기술적으로 유사할 수 있지만 ICBM을 개발하기 위해선 탄두의 대기권 재진입 기술과 대기권 재진입 시 탄두가 깎여나가는 '삭마削磨' 기술 등을 확보해야 한다. 아예 새로운 기술을 개발하는 것이라는 지적이다.

누리호에 이어 한국 최초의 달탐사선 '다누리' 발사 성공

누리호 성공을 이어 한국 최초의 달탐사선 '다누리'도 2022년 8월 5일 오전 8시 8분쯤 미국 플로리다 케이프커내버럴 미 우주군기지에서 스페이스X의 팰컨9 발사체에 실려 발사됐다. 오전 8시 49분쯤 팰컨9와 분리되어 우주 공간에서의 단독 비행을 시작했다. 이후 지상국과 오전 9시 40분쯤 교신에 성공해 자력 비행·궤적 조정을 통해 달을 찾아가는 '다누리의 시간'이 시작됐다.

다누리는 정확한 궤적(BLT 궤적) 항행을 위한 오차 보정 목적의 '궤적 보정 기동'을 수행하며 달에 근접하고 있다. 12월 중순 달에 근접한 다누리는 달의 중력에 포획된다. 이후 최종 목표인 달 고도 100km궤도에 안착하기 위해 '달 궤도 진입 기동'이 이뤄진다. 달 궤도에 도착한 다누리는 2023년 1월 각종 점검과 탑재체를 보정하는 시운전 단계를 거치고, 이후 본격적인 임무 수행을 시작한다. 다누리는 1년간 △고해상도 카메라 LUTI(한국항공우주연구원 개발) △광시야편광카메라PolCam(한국천문연구원 개발) △자기장측정기KMAG(경희대학교 개발) △감마선분광기KGRS(한국지질자원연구원 개발) △섀도캠ShadowCam(미국 항공우주국개발) 등의 탑재체로 달을 관측한다. 2023년 7월 항우연 연구진은 다누리의 최후를 결정한다. 현재 가능한 방안으로는 △달 표면 충돌 및 충돌 직전까지 데이터 확보 △궤도 유지가 필요 없는 '달 동결 궤도' 전환 등이 꼽히고 있다.

'누리호 성공' 12년의 기록

2010

03월 한국형발사체(KSLV-Ⅱ) 개발사업 착수

2014

01월 '한국형 발사체' 총조립기업으로
한국항공우주산업(KAI) 선정
03월 '3단 엔진 적용' 7t급 액체엔진 연소기
지상 연소시험 230초 성공
10월 75t급 액체엔진 연소불안정으로 첫번째
연소기 시험 실패

2016

5월 3일 한국형발사체 75t급 액체엔진
연소시험 1.5초 성공
6월 8일 한국형발사체 75t급 액체엔진 75초
연소시험 성공
7월 1일 연료탱크 용접 등 문제로 시험발사체
발사 연기
7월 20일 75t급 액체엔진 147초 연소 성공
10월 75t급 액체엔진 2호기 연소시험 돌입

2018

7월 한국형발사체 인증모델 종합연소시험
154초 성공
9월 한국형발사체 이름 '누리'로 결정
10월 16일 추진체 가압계통에서 압력감소 현상
확인해 발사 일정 연기
11월 28일 누리호 엔진 시험발사체 발사 성공.
151초 연소시간 달성

6월 14일 누리호 제2발사대로 이동·기립, 비와 강풍 등 기상
문제로 인해 발사 16일로 하루 연기

6월 15일 누리호 산화제탱크 레벨 센서 신호 이상으로 16일
발사 무산, 발사대 내려와 조립동 복귀

6월 17일 1단 산화제 탱크의 '레벨센서 코어' 오류 확인해
부품 교체, 21일 2차 발사 추진 계획 발표

6월 21일 누리호 2차 발사 성공

8월 5일 한국 최초의 달탐사선 '다누리' 발사

2021   2022

1월 28일 누리호 인증모델 300t급 1단부 연소시험 30초 성공

2월 25일 누리호 인증모델 300t급 1단부 2차연소시험 101초 성공

3월 25일 누리호 인증모델 300t급 1단부 종합연소시험 125.5초간 연소 성공

9월 29일 발사관리위원회, 누리호 1차 발사일 10월 21일로 결정

10월 21일 오후 5시 누리호 1차 발사, 목표 고도 700km에 도달, 3단 엔진 조기 연소
종료로 탑재체 궤도 안착 실패

12월 29일 누리호 발사조사위, 3단 엔진 내 헬륨탱크가 부력 영향으로 고정장치 이탈한
점을 조기 비행 종료 원인으로 지목

러시아·
우크라이나
전쟁

권영은

한국일보 기자

세상을 향한 관심을 놓지 않고자 기자가 되기로 결심했다.
2011년 한국일보에 입사해 사회부, 정책사회부, 기획취재부,
산업부, 지역사회부, 문화부를 거쳐 현재 국제부에서 일하고
있다. 딸 키우는 엄마가 되고 나서 매일 매일 해내는 삶을 산다.
'확신시키기보다는 이해하자'는 게 모토다.

러시아·우크라이나 전쟁

2022년 2월 24일 새벽 6시. 블라디미르 푸틴 러시아 대통령이 결국 우크라이나를 침공했다. 같은 시각 TV 연설에서 "특별 군사 작전을 단행하기로 결정했다"고 전쟁 개시를 선언하면서다. 러시아는 우크라이나 동·남·북부에서 동시다발적 공격을 퍼부었다. 수도 키이우에 미사일과 포탄을 쐈고, 남부 항구도시 마리우폴에선 상륙 작전을 벌였다. 탱크와 장갑차는 북부 벨라루스의 국경을 넘어 진격했고, 동부 도시에 대한 공격도 시작했다.

그리고 6개월이 지난 지금, 우크라이나는 여전히 항전 중이다. 러시아 군의 압도적 군사력에 단 사흘이면 수도가 함락될 것이라는 모두의 예상은 완전히 빗나갔다. 미국을 중심으로 한 서방은 우크라이나를 돕기 위해 막대한 무기를 실어 날랐다. 경제 제재로 러시아의 돈줄을 죄었다.

전쟁의 파장은 전방위적이다. 코로나19 대유행에서 가까스로 벗어나려던 글로벌 경제는 식량난·고물가·경기침체라는 3중고를 떠안게 됐다. 서방 제재에 대한 보복 조치로 러시아가 유럽행 천연가스 공급을 옥죄면서 독일을 비롯한 유럽 국가들은 에너지 위기에 직면했다. 국제 질서도 급변하고 있다. 러시아의 우크라이나 침공은 제2차 세계대전 이후 유지돼온 국제 질서에 무력으로 현상 변경을 시도한 역사적 사건이다.

1991년 구소련 붕괴 이후 이어지던 미국 주도의 '포스트 냉전' 시대가 저문 것이다. '반푸틴'으로 미국과 서방이 똘똘 뭉쳤다면 '반미' 기치 아래 러시아는 중국과 결속했다. 지난 30여년간 미국이 주도해온 국제 질서는 전에 없던 큰 도전을 맞게 됐다. 중국·러시아 대 미국·서방이 대립하는 이른바 '신냉전'의 서막이 올랐다.

푸틴은 왜 무모한 전쟁을 결심했나

푸틴 대통령은 이번 침공에 대해 "우크라이나 동부 돈바스 지역의 비무장화와 탈나치화"를 위한 "특별 군사 작전"이라고 주장했다. 그러면서 "우크라이나 점령 계획은 없다"고 했다. 하지만 '돈바스 해방'을 넘어 우크라이나 점령을 궁극적 목표로 하는 것 아니냐는 관측이 꾸준히 나왔다.

푸틴 대통령이 2021년 7월 발표한 '러시아인과 우크라이나인의 역사적 동일성에 관하여'라는 글이 단서다. 그는 "러시아와 우크라이나의 관계에 대한 질문을 받았을 때, 나는 러시아인과 우크라이나인은 한 민족, 즉 하나의 전체라고 말했다"고 밝혔다. 러시아와 우크라이나는 원래 한 뿌리라는 게 푸틴 대통령의 확고한 생각이다. 독립국가로서 우크라이나를 깡그리 부정하고 있는 셈이다. 나아가 유럽의 전략적 요충지 우크라이나를 발판 삼아 강한 러시아를 재건하는 게 그의 목표다.

푸틴 대통령은 러시아 제국의 문을 연 표트르 대제와 자신을 비교하면서 제국주의적 야욕을 한껏 드러낸 바 있다. 전쟁이 한창이던 지난 6월 그는 발트해 지역 주도권을 놓고 스웨덴과 벌인 대북방전쟁(1700~21년)을 언급하며 "표트르 대제가 (스웨덴에서) 무엇인가를 빼앗는 것이 아니고 되찾은 것"이라며 "그는 러시아 영토를 되찾고 러시아를 강화했다"고 강조했다. 표트르 대제의 영토 확장과 우크라이나 전쟁을 연결시켜 러시아의 침공을 정당화하는 취지의 발언이다. '러시아의 일부'인 우크라이나 역시 "빼앗는 게 아니라 되찾는 것"이라는 푸틴 대통령의 기본 인식을 엿볼 수 있다.

전쟁으로 푸틴이 얻고자 하는 것은

'대국 부활'을 꿈꾸는 푸틴 대통령은 이번 전쟁으로 무엇을 얻고자 하는 걸까. 러시아 외무부가 지난해 12월 미국과 북대서양조약기구NATO. 나토 측에 제시한 안전보장안에 잘 나타나 있다. 우크라이나 침공 직전 사실상의 최후통첩으로 띄운 안전보장안에서 러시아는 우크라이나의 나토 가입 금지와 나토의 추가 확장 금지, 더 정확히는 1997년 이전 지역으로의 철수 등을 법적 구속력 있는 서면으로 못박기를 요구했다. 양측은 입장 차를 좁히지 못하고 빈손으로 헤어졌고, 러시아의 우크라이나 침공을 막지 못했다.

먼저 나토를 둘러싼 유럽의 안보 지형을 이해할 필요가 있다. 나토는 1949년 제2차 세계대전 이후 소련의 팽창을 막고자 미국과 서유럽 사이에 체결된 일종의 군사동맹이다. 회원국 중 한 나라가 공격을 받으면 나토 전체가 공격받은 것으로 간주해 공동 방어에 나서는 집단 안전 보장 기구다. 미국과 캐나다, 영국, 프랑스, 이탈리아, 네덜란드, 벨기에, 룩셈부르크, 덴마크, 노르웨이, 포르투갈, 아이슬란드 등 12개국이 모여 창설됐다. 현재 나토 회원국은 30개 나라로 늘었다. 이를 두고 러시아는 "미국의 배신"이라고 강하게 반발해왔다. 미국이 1990년대 '나토를 동쪽으로 확장하지 않겠다'고 한 구두 약속을 어겼다는 것이다.

이 때문에 한편에선 우크라이나 전쟁의 책임을 미국과 유럽 동맹에서 찾는 입장도 있다. 저명한 국제정치학자 존 미어샤이머 시카고대 정치학과 교수가 대표적이다. 미국이 나토 가입 문제를 놓고 우크라이나가 '러시아 곰'의 눈을 찌르도록 유도하면서 "어리석게도 러시아에 싸움을 걸었으며 동유럽에서 수렁에 빠졌다"는 게 그의 진단이다. 나토 가입을 희망하는 우크라이나가 러시아에 '실존적 위협'이고, 이것이 러시아가 우크라이나를 침공한 직접적 이유라는 것이다. 이런 그의 주장은 러시아가 침공을 정당화하는 논거로 쓰이면서 전 세계적 비판에 직면했다. 나토가 확장하지 않았더라도 푸틴 대통령이 자국 영토 안에만 머물러 있었을 것인가라는 질문을 외면했다는 지적이다. 국제정치를 국가

간 힘과 힘의 대결로 파악하는 그의 현실주의는 큰 틀에서 유의미하지만 국제정치를 '강대국에 의해 좌지우지되며 이미 결정된 것'으로 파악한다는 한계와 함께 러시아의 팽창주의 등 개별적 상황과 행위자의 다양성을 무시하고 상황을 지나치게 좁게 해석한다는 비판이 제기됐다.

나토의 동진은 1999년 옛 동구권 대표국가였던 폴란드와 체코, 헝가리가 가입하면서 시작됐다. 2004년에는 에스토니아와 라트비아, 리투아니아 등 발트 3국과 루마니아, 불가리아, 슬로바키아까지 나토에 가입하면서 동유럽 국가 대부분이 나토의 품에 안겼다. 한때 소련의 지배를 받았던 국가들에게 러시아는 최대 안보 위협국이다. 러시아는 핵무기를 포함한 세계 2위의 군사력을 보유한 군사 강국이다. 자력으로 러시아에 맞서기 힘든 이들 국가의 선택은 나토 가입이었다. 하지만 이들의 나토 가입은 동시에 러시아의 안보 불안을 야기했다. 우크라이나마저 나토에 가입한다면 러시아로서는 적을 코앞에 두는 셈이다. 러시아가 어떻게든 우크라이나의 나토 가입을 막으려는 이유다.

우크라이나와 러시아의 질긴 악연

하지만 러시아의 이러한 행보는 우크라이나의 안보 위협을 더욱 고조시켰다. 양국간 켜켜이 쌓인 역사적 연원도 이를 부채질했다. 모질고 질긴 두 나라의 악연은 882년 세워진 키이우 루스 공국으로 거슬러 올라간다. 오늘날 러시아, 우크라이나, 벨라루스의 뿌리 격인 나라다. 몽골의 침략으로 키이우 루스 공국이 멸망하면서 동슬라브의 종가였던 우크라이나는 모스크바에 중심을 빼앗겼다. 모스크바에서 발흥한 나라는 훗날 대국이 돼 러시아로 명명하고, 키이우 루스 공국을 잇는 정통 국가를 자임하고 나섰다. 졸지에 우크라이나의 역사는 '나라 없는' 민족의 역사가 된 것이다. 이후 말그대로 고난의 역사를 겪어야 했다. 서유럽과 러시아, 아시아를 잇는 통로에 자리한 우크라이나는 대북방전쟁, 나폴레옹전쟁, 크림전쟁, 제1·2차 세계대전의 전장이 됐다.

러시아는 끊임없이 동화정책을 폈다. 19세기 후반에는 우크라이나

언어로 된 책 출간이 금지됐고, 우크라이나어로 된 연극과 노래 공연도 허용되지 않았다. '우크라이나'라는 명칭이 정식 나라 이름으로 처음 등장한 건 1917년 러시아혁명으로 러시아 제국이 무너진 직후 이 지역 민족주의자들이 독립국가 수립을 선포하면서다. 짧은 독립이었다. 5년 후인 1922년 우크라이나는 러시아가 주도한 소비에트 사회주의 공화국 연방(소련)에 편입되고 만다.

20세기 우크라이나의 역사는 참혹하다. 산업화에 목숨 걸었던 스탈린은 곡창지대인 우크라이나를 제물로 삼았다. 우크라이나에서 사유지를 몰수하는 강제 집단화를 추진하면서 가혹한 곡물 수탈을 저질렀다. 엎친 데 덮친 격으로 흉작까지 더해지면서 1932~33년 전례 없던 대기근이 닥쳤다. 사실상 스탈린의 악의적인 '홀로도모르(기아 학살)'로 최소 350만 명이 당시 굶어 죽었다. 1991년 소련이 붕괴하고 나서야 우크라이나는 비로소 독립했다. 하지만 러시아의 손아귀에서 벗어나기란 생각보다 쉽지 않았다. 우크라이나를 포기하지 않았던 푸틴 대통령은 끊임없이 틈을 노렸다. 2014년 크림반도 강제 병합이 대표적이다. 당시 친러 성향의 빅토르 야누코비치 우크라이나 대통령은 유럽연합EU 가입을 위한 협정 체결을 불과 며칠 남겨두고 돌연 이를 철회하고 푸틴 대통령으로부터 재정 지원을 약속받았다. 이는 결국 우크라이나 전역에서 대규모 시위로 이어졌고, 그는 탄핵된다. 2014년의 유로마이단 혁명이다.

우크라이나의 혼란을 틈타 러시아는 우크라이나령 크림반도를 강제 병합한다. 이곳에 거주하는 러시아인 보호를 명분으로 군사력을 보내 무력 점령한 것이다. 러시아와 국경을 맞대고 있는 동부 돈바스 지역에도 손을 뻗는다. 러시아가 크림반도를 '무혈 접수'한 후 이곳에선 분리 독립을 원하는 친러 반군 세력과 우크라이나 정부군의 내전이 8년간 벌어졌다. 러시아가 친러계 분리주의 세력의 뒤에서 경제·군사적 지원을 해온 건 공공연한 사실. 친러 반군은 자칭 루간스크 인민공화국LPR과 도네츠크 인민공화국DPR을 수립했다. 국제사회는 이들을 독립국으로 인정하지 않는다. 러시아와 시리아, 북한만이 독립국으로 인정하고 있다.

푸틴 대통령은 우크라이나 침공 사흘 전인 21일 두 공화국의 분리독립을 승인하고, 러시아군의 돈바스 지역 진입을 명령했다.

"우크라이나는 네오나치"라는 푸틴 주장은 사실일까

푸틴 대통령이 우크라이나를 침공하며 내세운 명분 중 하나는 '돈바스 지역의 탈나치화'다. "우크라이나가 나치 세력에 점령당했다. 네오나치 정권에서 사람들을 구한다"는 논리다. 푸틴 대통령은 특히 돈바스 지역에서 러시아계에 대한 집단학살이 자행됐다고 주장하면서 "탈나치화를 통해 러시아계 주민을 보호하겠다"는 입장을 내세운다. 따라서 우크라이나 침공은 나치와 싸우는 것이니 전쟁이 아닌 '특수 군사 작전'이 된다.

이 같은 주장이 100%의 날조는 아니다. 러시아가 말하는 탈나치화의 표적은 아조프 연대다. 아조프 연대는 2014년 5월 돈바스 내전 당시 극우단체인 '우크라이나의 애국자'와 '사회국가회의' 등이 결성한 민병대에 뿌리를 둔다. 친러 반군과의 전투에서 세운 공으로 우크라이나 국가방위군으로 편입됐다. 아조프 연대가 잔학행위와 인권 침해로 악명 높았던 건 사실이다. 유엔 인도주의 업무조정국OCHA은 2016년 보고서에서 "아조프 대대 부대원들이 대규모 약탈행위와 불법 구금, 고문, 집단강간 등 수차례 전쟁범죄를 저질렀다"고 지적했다. 아조프 연대의 창립자인 안드리 빌레츠키는 2004년 훌리건들과 함께 백인우월주의 단체를 조직한 것으로 알려졌고, 실제로 반유대주의 사상을 노골적으로 드러내기도 했다. 2015년 당시 아조프 연대 대변인이었던 안드리 디아첸코가 "아조프의 신병 중 10~20%가 나치주의자"라고 밝혔다. 하지만 정규군이 되면서 극우·극단주의자들은 극히 일부가 됐고, 극우 활동과도 분리됐다는 게 최근 이들에 대한 평가다. 빌레츠키가 2016년 창당한 '국민군단'이나 '라이트 섹터', '스보보다' 같은 우크라이나의 극우주의 정당은 의회서 단 한 석도 챙기지 못했다. 외려 볼로디미르 젤렌스키 우크라이나 대통령은 할아버지가 나치에 맞서 싸운 군인 출신으로 유대인이다. 나치주의 등 극우는 정치 세력으로서 우크라이나에서 철저히 실패한 셈이다. 따라서 러시아의 "우크라이나는 네오나치"라는 주장은 허상이다.

우크라이나 남동부 항구도시 마리우폴에 본부를 두고 있는 아조프 연대 1,000명은 이번 전쟁 때도 50일 넘게 외부와 고립된 채 러시아군과 결사 항전을 벌였다. 러시아는 마리우폴에서 주민대피소와 산부인과 병원 등을 폭격하고서 "아조프 연대 소행"이라는 억지를 부렸다. 아조프 연대는 푸틴이 우크라이나를 침공하면서 강조했던 '탈나치화'의 핵심 대상이다. 이들의 존재를 전쟁의 명분으로 삼고, 국내 선전용으로써 적극 활용하고 있는 것이다.

사흘 만에 수도 함락? 푸틴의 완벽한 오판

"우리 눈앞에서 새로운 세계가 태어나고 있다. 우크라이나가 러시아로 돌아왔다."

우크라이나 침공 48시간 뒤 러시아 관영 리아노보스티통신에 게재됐다 급히 삭제된 기사의 일부다. 지난 2월 26일은 오전 8시(현지 시간) 홈페이지에 올라온 이 기사는 리아노보스티 측이 미리 써둔 승전 선언 기사로 추정된다. 해당 시간에 홈페이지에 공개되도록 예약해 둔 것을 미처 취소하지 못해 생긴 이번 해프닝은 러시아가 이번 전쟁에 얼마나 확신을 가졌었는지를 보여준다. 당초 푸틴 대통령의 계획은 사흘 안에 키이우를 함락한 후 볼로디미르 젤렌스키 대통령을 축출, 친러 정권을 세우는 것이었다. 불과 며칠 만에 이는 푸틴 대통령의 완벽한 오판으로 드러났다.

우크라이나는 러시아와의 현격한 전력 차 때문에 군사적 대응이 쉽지 않을 것이라는 비관적 전망이 우세했다. 세계 군사력 순위를 매년 평가하는 '글로벌 파이어 파워GFP'에 따르면 우크라이나 병력은 50만 명이지만, 이중 예비군과 준정규군을 제외하고 당장 가동 가능한 정규 병력은 20만 명에 불과했다. 반면 러시아 병력은 정규군만 85만 명에 달하고, 이 중 20만 명이 우크라이나 접경에 집결했다. 장비 면에서도 차이는 현격하다. 우크라이나와 러시아의 탱크는 2,596대와 1만2,420대로 러시아가 5배가량 많다. 무엇보다 러시아는 핵무기를 보유한 명

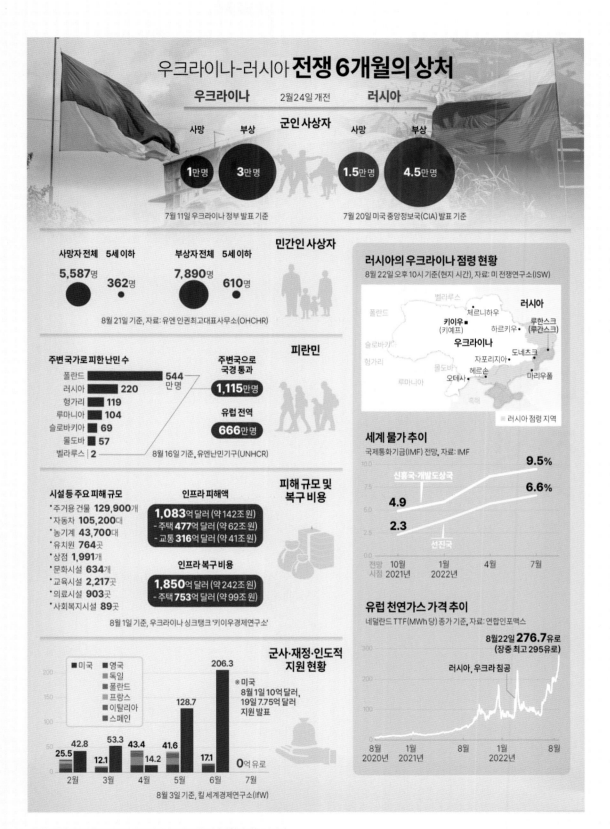

우크라이나-러시아 **전쟁 6개월의 상처**

| **우크라이나** | 2월 24일 개전 | **러시아** |

군인 사상자

우크라이나
- 사망 **1**만 명
- 부상 **3**만 명

7월 11일 우크라이나 정부 발표 기준

러시아
- 사망 **1.5**만 명
- 부상 **4.5**만 명

7월 20일 미국 중앙정보국(CIA) 발표 기준

민간인 사상자

- 사망자 전체 **5,587**명
- 5세 이하 **362**명
- 부상자 전체 **7,890**명
- 5세 이하 **610**명

8월 21일 기준, 자료: 유엔 인권최고대표사무소(OHCHR)

피란민

주변 국가로 피한 난민 수
- 폴란드 **544**
- 러시아 **220**
- 헝가리 **119**
- 루마니아 **104**
- 슬로바키아 **69**
- 몰도바 **57**
- 벨라루스 **2**

만명

주변국으로 국경 통과 **1,115**만 명

유럽 전역 **666**만 명

8월 16일 기준, 유엔난민기구(UNHCR)

피해 규모 및 복구 비용

시설 등 주요 피해 규모
- 주거용 건물 **129,900**개
- 자동차 **105,200**대
- 농기계 **43,700**대
- 유치원 **764**곳
- 상점 **1,991**개
- 문화시설 **634**개
- 교육시설 **2,217**곳
- 의료시설 **903**곳
- 사회복지시설 **89**곳

인프라 피해액
1,083억 달러 (약 142조 원)
- 주택 **477**억 달러 (약 62조 원)
- 교통 **316**억 달러 (약 41조 원)

인프라 복구 비용
1,850억 달러 (약 242조 원)
- 주택 **753**억 달러 (약 99조 원)

8월 1일 기준, 우크라이나 싱크탱크 '키이우경제연구소'

군사·재정·인도적 지원 현황

범례: ■미국 ■영국 ■독일 ■폴란드 ■프랑스 ■이탈리아 ■스페인

- 2월 **25.5**, **42.8**
- 3월 **12.1**, **53.3**
- 4월 **43.4**, **14.2**
- 5월 **41.6**, **128.7**
- 6월 **17.1**, **206.3**
- 7월 **0**억 유로

※미국 8월 1일 10억 달러, 19일 7.75억 달러 지원 발표

8월 3일 기준, 킬 세계경제연구소(IfW)

러시아의 우크라이나 점령 현황

8월 22일 오후 10시 기준(현지 시간), 자료: 미 전쟁연구소(ISW)

지도: 벨라루스, 폴란드, 러시아, 체르니하우, 키이우(키예프), 하르키우, 루한스크(루간스크), 슬로바키아, 우크라이나, 도네츠크, 헝가리, 자포리지아, 몰도바, 헤르손, 마리우폴, 루마니아, 오데사, 흑해

■ 러시아 점령 지역

세계 물가 추이

국제통화기금(IMF) 전망, 자료: IMF

- 신흥국·개발도상국 **9.5%**
- 선진국 **6.6%**
- 4.9
- 2.3

전망 시점: 10월 2021년, 1월 2022년, 4월, 7월

유럽 천연가스 가격 추이

네덜란드 TTF(MWh 당) 종가 기준, 자료: 연합인포맥스

8월 22일 276.7유로 (장중 최고 295유로)

러시아, 우크라 침공

8월 2020년, 1월 2021년, 8월, 1월 2022년, 8월

2022년 8월 24일은 러시아가 우크라이나를 침공한 지 6개월이 되는 날이다.
전쟁 6개월 동안의 인명 및 경제 피해 규모를 정리한 것이다. ⓒ연합뉴스

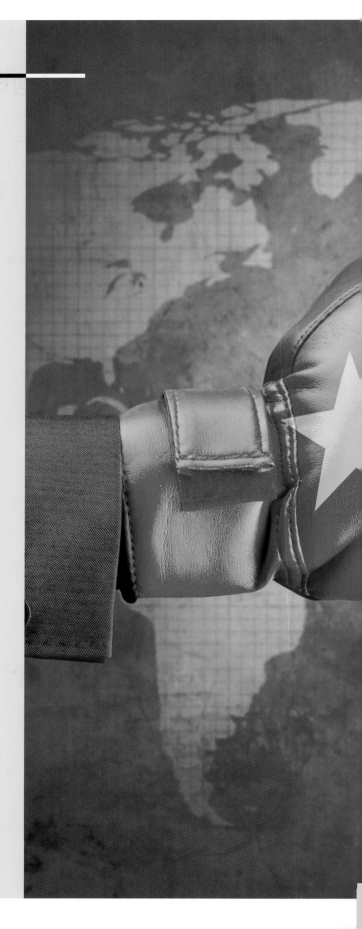

미중 패권 전쟁

오예진

연합뉴스 기자

2011년부터 연합뉴스 기자로 재직하고 있다. 정치, 행정, 사회,
유통, IT 분야 등을 취재했다. 연합뉴스TV에서 2년간 방송기자로
일했다. 현재는 연합뉴스 오리지널 유튜브 콘텐츠를 제작하는
부서에서 출연 · 기획 · 구성 업무를 하고 있다.

issue 09   미중 패권 전쟁

온라인에서 '노빠꾸 펠로시' 짤(사진 또는 영상 캡쳐)을 본 적 있는가? 1991년 9월 4일 미국 하원의원으로 중국을 방문한 낸시 펠로시 미국 하원의장이 베이징北京 톈안먼天安門 광장에서 1989년 톈안먼 민주화 운동 희생자들을 기리는 현수막을 펼친 모습을 찍은 사진이다.

펠로시 의장은 같은 민주당 소속 벤 존스 의원, 공화당 존 밀러 의원과 '중국의 민주주의를 위해 숨진 사람들을 애도함'이라는 문구가 적힌 검은색 현수막을 펼쳐 들고 추모 성명을 낭독했다. 중국 정부의 허가 없이 자국 기자들과 함께 숙소 호텔을 몰래 빠져나와 기습적으로 벌인 이 행사 이후 펠로시 의장 일행은 공안에 의해 쫓겨났다. 동행했던 기자들은 공안에 붙들려 한동안 억류됐다.

의원으로 정치활동을 시작한 지 겨우 4년이 된 펠로시 의장이 보여준 이 모습은 개인의 용기와 정치적 소신의 결과라고도 볼 수 있다. 한편으로는 각자 민주주의와 공산주의 편에 서서 물러서지 않는 대립을 계속하는 미·중 관계의 한 단면을 보여준 장면이기도 하다.

미국과 중국은 왜 평행선처럼 가까워질 수 없는 사이가 됐을까? 원인을 파헤치는 역사 속으로 더 들어가기 전에 1991년으로부터 31년

이 지난 현재로 먼저 돌아와 미국과 중국은 어떻게 대립하고 있는지 살펴보자.

미중 패권 전쟁—정치·사회

톈안먼 기습 추모 시위를 계기로 중국 당국의 '외교적 기피인물'로 찍힌 펠로시 의장은 미국으로 돌아가 꾸준히 정치 경력을 쌓았다. 31년이 흐른 올해 8월 2일 82살의 펠로시 의장은 미국의 의전 권력 서열 3위인 하원의장 자격으로 대만을 방문했다. 1997년 뉴트 깅그리치 하원의장 이후 25년 만에 대만을 찾은 최고위급 미국 인사로 말이다. 미 의회 대표단을 이끌고 대만을 방문한 펠로시 의장은 차이잉원蔡英文 대만 총통을 예방하고 입법원(의회)을 방문했다.

중국 반체제 인사들도 만났다. 세계 최대 파운드리(반도체 위탁생산) 업체인 대만 TSMC의 류더인 회장과도 만나 최근 미 의회를 통과한 반도체법에 대해 논의했다. 펠로시 의장은 차이 총통과 만난 자리에서 "우리는 대만에 대한 약속을 절대 저버리지 않을 것임을 분명히 하기 위해 대만을 찾았다"고 말했다. 이어 "이번 방문은 미국과 대만 간 연대를 과시하기 위한 것"이라고 덧붙였다. 차이 총통은 "대만은 미국의 신뢰할 수 있는 파트너"라고 화답했다. 이어 펠로시 의장에게 대만 최고 등급 훈장을 수여했다. 펠로시 의장은 대만 방문을 마치고 한국을 거쳐 일본을 찾았다. 일본에서는 기시다 후미오岸田文雄 일본 총리와 만나 대만 문제와 관련해 이야기를 나눴다. 회담이 끝난 후 기시다 총리는 "대만 해협의 평화와 안정을 유지하기 위해 미·일이 긴밀히 협력해 나갈 것을 확인했다"고 밝혔다.

펠로시 의장의 대만행은 중국의 엄청난 분노를 일으켰는데, 중국은 왜 화가 났을까. 중국은 펠로시 의장이 대만을 방문하기 전부터 연일 군사적 조치 등을 언급하며 '펠로시의 대만행을 좌시하지 않겠다'는 취지로 여러 차례 경고했다. 시진핑習近平 중국 국가주석은 조 바이든 미국 대통령과 7월 28일 전화 통화를 하면서 대만 문제와 관련해 "민심은 저버릴 수 없으며, 불장난하면 반드시 불에 타 죽는다"며 "미국 측이 이 점을 분명하게 인식하기를 희망한다"고 말했다.

이런 가운데 펠로시 의장이 대만행을 강행하자 중국은 무력 시위에 나섰다. 펠로시 하원의장의 대만 방문이 '하나의 중국' 원칙을 크게 훼손했다고 여긴 중국은 대만을 포위한 채 72시간의 강도높은 군사훈련을 벌였다.

첫날인 8월 4일 11발의 둥펑東風·DF 계열 탄도미사일을 발사하고 대만 해협에 장거리포를 쏟아부으며, 유사시 미국의 진입을 차단하는 '지역 거부 능력'까지 시험하는 실탄 사격 훈련을 함으로써 주변국을 긴장시켰다. 이어 5~7일에도 중국은 항공기와 군함으로 양안兩岸(중국과 대만)의 경계선이라고 할 대만 해협 중간선을 수시로 넘는 도발을 했다. 대만 해협 중간선을 넘은 중국 전투기가 최고 속력으로 돌진한다면 몇 분 만에 대만 섬에 닿을 수 있어 대만 입장에서는 중국의 이런 무력 시위가 커다란 압박으로 느껴질 수밖에 없다. 이 훈련과 관련해서는 중국이 대만에 대해 무력 통일을 시도할 때 선택지 중 하나로 꼽히는 '대만 봉쇄' 가능성을 시험해본 의미가 있다는 분석도 나왔다. 섬나라인 대만은 천연가스나 원유 등을 모두 해상 운송에 의존하기 때문에 해상이 봉쇄되면 사실상 '고사枯死'에 이르게 된다.

중국은 펠로시 의장이 방문한 다음 날인 3일 대만에 대한 모래 수출과 식품 수입 중단 조치를 했다. 아울러 펠로시 의장의 대만 방문에 대한 보복으로 펠로시 의장과 직계 친족을 제재 대상에 올렸다.

펠로시 의장에 이어 8월 14~15일 미국 여야 상·하원 의원 5명이 대만을 방문하고 차이 총통을 만났다. 중국은 다시 군용기와 군함을 대거 동원해 '실전 훈련'을 실시했다. 아울러 대만에서 서쪽으로 약 50km떨어진 펑후 제도 상공을 비행하는 중국 군용기 영상도 공개했다. 미국 정치인들의 대만 방문에 중국이 이토록 민감한 반응을 보이며 분노하는 원인을 알려면 반드시 짚고 넘어가야 하는 키워드가 있다. 바로 중국과 대

중국, 미 펠로시 의장 방문한 대만에 경제보복

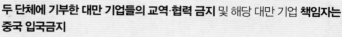

대만 독립 세력 관련 단체인 '대만민주기금회'와 '국제협력발전기금회'를 '완고한 대만 독립 분자 관련 기구'로 규정.
중국의 조직·기업·개인 간 협력 금지

두 단체에 기부한 대만 기업들의 교역·협력 금지 및 해당 대만 기업 **책임자는 중국 입국금지**
(산더에너지·링왕테크놀로지·텐량의료·텐옌위성테크놀로지 등)

대만에 건축자재 등으로 쓰이는 천연 모래 수출 잠정 중단

8월3일부터 **대만산 감귤류 과일, 냉장 갈치, 냉동 전갱이 수입 잠정 중단**

100여 개 대만 기업의 식품 수입 금지 (음료수 생산 기업 웨이취안, 과자류 생산 기업 궈위안이 등)

중국이 낸시 펠로시 미국 하원의장이 방문한 대만에 대해 사실상의 경제 보복에 나섰다. ⓒ연합뉴스

만이 동시에 주장하고 있는 '하나의 중국'이란 원칙이다.

중국의 분노 버튼-'하나의 중국'

'하나의 중국' 원칙이란 중국의 국가 이념이자 국가정책의 기본 방침이다. 중국 주변에 있는 대만, 홍콩, 마카오 등이 모두 중국의 영토이며, 그 중에서도 오직 중국만이 합법정부라는 의미다.

중국은 1920~30년대 일본제국주의에 맞서 싸운 항일전선에서 마오쩌둥毛澤東(1893~1976)이 이끄는 공산당과 장제스蔣介石(1887~1975)가 이끄는 국민당의 합작, 이른바 국공합작을 두 차례 시도했지만 결국 결렬됐다. 마오쩌둥의 공산당은 소련(러시아의 전신)의 지원을 받아 장제스가 이끄는 국민당을 이기고 나서 1949년 10월 1일 중화인민공화국중국을 건국했다. 대만으로 퇴각한 장제스의 국민당도 중화민국대만 정부를 세웠

다. 이후 중국은 '대만통일'을, 대만은 '대륙수복'을 외치는 서로 다른 통일정책을 고수하며 극도의 긴장과 대립을 보여왔다.

그러던 중국은 홍콩과 마카오 주권 반환 협상이 진행되던 1980년대 초반 '일국양제' 이론을 확정하고 1984년 대만의 자치권 보장 등을 전제로 한 일국양제 통일방안을 대만에 공식 제안했다. 그 이후로 중국의 대만 정책은 일국양제를 중심으로 대만독립 반대, 외세 간섭 배제를 주창하며 대만을 지방정부로 간주하고 국제적 고립을 유도하는 흡수통일 정책을 추구해왔다.

중국과 대만 관계는 1992년 11월 중국의 해협양안관계협회와 대만의 해협교류기금회가 '하나의 중국'을 인정하되, 중국과 대만이 각자의 해석에 따른 국가 명칭을 사용하기로 하는 것을 골자로 한 '92공식九二共識'을 합의하면서 본격적인 대화의 물꼬가 트였다.

1993년 4월에는 왕다오한汪道涵 해협회장과 구전푸辜振甫 해기회장이 싱가포르에서 양안 고위당국자 간에 첫 공식 접촉을 했다. 2015년 11월 7일에는 시진핑 중국 국가주석과 마잉주馬英九 대만 총통이 싱가포르에서 첫 정상회담을 했는데, 이는 중국과 대만의 현직 최고지도자가 1949년 분단 후 처음 만나는 자리였다. 그만큼 긴장과 대립으로 점철됐던 66년 양안 분단사에 한 획을 그은 회담으로 기대를 모았다. 회담에서 시 주석과 마 총통은 서로 "피로 이어진 가족", "중화민족이며 염황의 자손"이라는 말로 양 국민이 갈라질 수 없는 같은 민족임을 강조했다.

아울러 '92공식 견지' 외에도 양국 간 '핫라인' 개설과 정상회담 정례화 등에 합의하며 평화 분위기를 연출했다. 다만 이런 화기애애한 기류는 2016년 1월 대만의 첫 여성 총통인 차이잉원이 당선되며 변화가 일었다. 차이 총통은 당선 직후부터 중국의 대만에 대한 압박은 양안 관계에 악영향을 줄 것이라고 경고하고 나섰다. 2016년 1월 16일 한국 걸그룹 트와이스의 대만 출신 멤버 쯔위周子瑜를 둘러싼 논란 등을 거론하며 "억압은 양안(중국과 대만)관계의 안정을 파괴할 것"이라고 경고했다. 쯔위는 한국 방송에서 대만 국기를 흔들었다가 중국에서 '대만 독립 지지자'

라는 비판에 휩싸이자 유튜브에 사과 영상을 내보냈는데, 이 사건으로 대만 대선에서 최대 쟁점 인물로 떠올랐다.

차이 총통은 2016년 5월 20일 공식 취임하며 취임사에서 중국이 집요하게 요구해온 '92공식'을 한마디도 거론하지 않아 중국의 반발을 불렀다. 올해에도 시 주석이 신년사를 통해 '조국 통일'을 강조하자 차이 총통은 중국을 향해 '군사적 모험주의'를 경고하고 나서며 양국은 현재까지도 긴장 관계를 유지하고 있다.

미국과 중국

미국과 중국은 건국과 국가 운영의 바탕이 되는 정치이념에서부터 서로 어울릴 수 없는 지점에 서 있다. 미국은 민주주의 국가이고 중국은 공산주의 국가이기 때문이다.

미국은 연합군의 이름으로, 중국은 공산주의 소련의 지원을 받은 중공군의 이름으로 1950년부터 1953년까지 한국전쟁에서 적으로 싸웠다. 이 역시 근본적으로는 서로 세계 패권을 장악하려는 민주주의와 공산주의의 싸움이었다고 볼 수 있다. 두 국가는 제2차 세계대전이 끝난 이후에도 냉전Cold War기를 가지며 긴장 관계를 유지했다.

미국과 중국의 관계가 급속도로 회복된 시기는 1970년대다. 이른바 '핑퐁 외교'를 통해 화해 분위기가 조성되면서 교류의 물꼬가 트였다. 1971년 3월 일본 나고야에서 개막한 제31회 세계탁구선수권대회에 출전한 미국 대표팀은 대회가 끝나고 4월 중국을 방문해 친선 경기를 했다. 미국 대표팀은 22년 만에 중국을 방문한 미국인이었다.

경기 결과 미국 대표팀은 중국에 패했지만 당시 세계인들의 관심은 경기 결과보다는 이를 계기로 중국이 고립과 폐쇄성을 벗고 국제무대로 나올 것인지에 더 쏠려 있었다. 스포츠 경기를 통해 부드러운 분위기가 조성된 가운데 같은 해 7월에는 헨리 키신저 미국 백악관 국가안보 보좌관이 극비리에 중국을 방문했다. 이는 세계 2차 대전 이후 25년간 단절됐던 미국과 중국의 관계가 급변한 계기가 됐다. 이 만남 이후 미국의 지원으로 유엔 안전보장이사회 상임이사국 지위를 누려오던 대만은 이사국 지위를 중국에 빼앗기게 됐다.

1972년 2월에는 리처드 닉슨 미국 대통령이 미국 대통령으로는 처음으로 중국을 방문해 마오쩌둥 중국 국가주석과 만난 후 '상하이 코뮤니케'(공동성명)를 발표했다. 상하이 코뮤니케에서 미국은 처음으로 중국이 하나이며 대만은 중국의 한 부분임을 인정했다. 미국과 중국은 이를 계기로 제2차 세계대전이 끝난 후 이어져 왔던 냉전 관계를 청산하게 된다. 이어 지미 카터 행정부 때인 1978년 12월 미국은 '미중수교 공동성명'에 서명하고 한 달 후인 1979년 1월부터 중국과 수교한다.

화해 분위기에 있던 미중 관계는 1989년 중국 당국이 베이징 톈안먼 광장에서 일어난 민주화 시위를 유혈 진압하면서 경색된다. 미국은 당시 중국 고위층과 교류 중단, 인권탄압 비판, 대만에 대한 무기 판매 강화 등의 수단으로 중국에 강력 반발했다.

중국과 미국 관계는 2017년 1월 도널드 트럼프 미국 대통령 취임 이후 '신냉전'기가 찾아왔다고 평가될 만큼 거칠게 소용돌이치게 된다. 트럼프 전 대통령은 공식 취임 전부터 중국을 '환율 조작국'이라고 공격하는가 하면 중국이 핵무기로 무장한 북한을 억제하는 데 도움을 주지 않는다고 비난하는 등 중국에 강한 목소리를 냈다.

미국과 중국은 2017년 11월 트럼프 대통령이 베이징을 방문해 시진핑 주석과 정상회담을 했을 때 잠시 화기애애한 분위기에 잠기기도 했다. 시 주석이 트럼프 대통령에게 자금성을 직접 안내하고 단독·확대 정상회담을 한 데 이어 2,535억 달러(약 283조 원)에 달하는 미·중 무역협정을 선물로 안겼기 때문이다.

그러나 이 분위기는 오래가지 못했다. 두 정상은 베이징에서 만난 직후 베트남 다낭에서 열린 아시아태평양경제협력체APEC 정상회의에서 상대국의 무역정책을 비판하며 베이징에서와는 사뭇 다른 태도를 보였다. 트럼프 대통령은 만성적인 무역 불균형을 더는 용납하지 않겠다고 선언하며 우회적으로 중국을 비판했다. 시 주석은 "세계화는 되돌릴 수 없는 역사적 흐름"이라며 트럼프 대통령의 보호 무역주의를 겨냥했다. 이로부터 얼마 가지 않아 양국은 전례 없는 무역전쟁을 치르게 되는데, 미중 패권 전쟁의 한 축인 무역전쟁을 알아보기 전에 미국과 대만 관계부터 살펴보겠다.

미국과 대만

미국은 중국과 관계를 회복하면서 대만과의 관계도 포기하지 않았다. 중국과 수교한 1979년 미국은 대만과는 공식적으로 외교관계를 단절했지만, 비공식적으로나마 관계를 지속하는 내용의 대만관계법을 제정한다. 이 법은 대만이 충분한 자기방어 능력을 유지할 수 있도록 미국이 국방 물품과 서비스를 제공 또는 지원할 수 있도록 했다. 또 미국 정부가 대만을 주권국가와 동등하게 대우하도록 했다. 현재 대만과 미국은 상대국에 공식 대사관이 없지만, 주대만미국협회AIT가 대만 주재 미국대사관 격으로, 대만 경제문화대표부TECRO가 미국 주재 대만대사관 격으로 역할을 하고 있다.

대만을 둘러싼 미국과 중국의 갈등은 1995년 6월 리덩후이李登輝 대만 총통의 미국 방문을 계기로 불거진다. 대만 입장에서는 대만 총통이 미국 입국 허가를 얻어낸 것이 1979년 미국과 중국 수교 수립 후 최대의 성과였지만, 중국 입장에서는 '하나의 중국' 원칙에 위배되는 일이었기 때문이다.

당시 중국은 미국에 고위급 군사 사절단을 파견하려던 계획을 취소하고 미사일 통제에 관한 협상을 연기하는 등 크게 반발했다. 이어 대만이 총통 직접 선거까지 시행하자 중국은 1996년 3월 대만 주변에서 군사훈련을 강행하며 1950년대 1·2차 대만해협 위기에 이어 3차 대만해협 위기를 일으켰다. 중국의 훈련은 미국 항공모함이 대만 인근에 집결하기 전까지 계속됐다. 이런 가운데 1997년 4월 뉴트 깅

그리치 미국 하원의장이 대만을 방문했다. 깅그리치 의장은 방문 당시 중국이 대만을 공격할 경우 미국이 대만을 수호할 것이라고 거듭 밝혔다.

미국은 2016년 12월 미국의 45대 대통령으로 당선돼 취임식을 앞둔 도널드 트럼프 대통령 당선인이 대만 차이잉원 총통과 전화 통화를 하면서 중국과의 관계에 또 한 번 긴장감을 일으킨다. 미국은 대만과 단교한 1979년 이후 중국의 반발을 의식해 정상 간 공식 회동이나 직접 대면은 물론 전화 통화도 피해왔다. 대만 총통이 해외순방에 나설 때도 미국은 경유지 착륙만을 허용했고, 1995년 리덩후이 대만 총통의 방미도 국가 정상이 아닌 개인 신분으로 허용했다. 이런 가운데 도널드 트럼프 미국 대통령 당선인이 대만 차이 총통과 전화 대화를 나눴다는 것은, 단순히 정상 간 대화라는 의미를 넘는 것이었다. 트럼프 차기 미 행정부가 이전과는 달리 대만을 국가로 인정할 수도 있다는 의미를 담고 있기 때문이다.

트럼프 대통령 재임 시절인 2018년 2월 미국 상원은 미국과 대만 고위 공직자가 자유롭게 상대국을 방문할 수 있도록 한 '대만여행법'을 만장일치로 통과시켰다. 2021년 1월 취임한 조 바이든 미국 대통령 행정부는 취임한 지 1년이 막 지난 올해 2월까지 대만에 대한 무기 수출을 두 차례 승인했다. 미국 정부는 올해 초 1억 달러(약 1,200억 원) 규모의 패트리엇 미사일 프로젝트 서비스를 대만에 판매하는 방안을 승인했다. 앞서 2021년 8월에는 미군의 주력 자주포인 M109A6 팔라딘 40문, M992A2 야전포병 탄약 보급차 20대 등 7억5천만 달러(약 9,000억 원) 규모의 무기를 대만에 수출하도록 승인했다.

현재 주목할 사안은 미 상원에 계류 중인 '2022 대만정책법안Taiwan Policy Act of 2022'이다. 미국이 대만을 동맹국으로 지정하고 앞으로 4년간 35억 달러(약 5조 9,000억 원) 규모의 안보 지원을 하는 것, 국제기구와 다자무역협정에 참여할 수 있는 외교적 기회를 제공하는 것이 이 법안의 핵심 내용이다. 특히 동맹국 지정은 말 그대로 대만을 독립국으로 인정하고, '하나의 중국' 원칙을 무너뜨리는 것이어서 중국의 강력한 반발이 예상된다.

미중 패권 전쟁-경제

미국과 중국의 패권 경쟁은 경제 분야에서도 치열하다. 특히 2018년 7월부터 1년 6개월간 이어진 미·중 무역전쟁은 세계 경제에 큰 타격을 입혔을 뿐만 아니라 기술 분야로 확산되었으며, 현재까지도 갈등의 불씨를 안고 긴장감을 만들고 있다.

대통령 당선인 시절부터 중국을 '환율 조작국'이라고 비판하거나 중국이 미국의 지적재산권을 침해하는 문제를 거론하던 도널드 트럼프 전 대통령은 취임 3개월만인 2017년 4월 한국과 중국을 비롯한 외국산 철강 수입에 대한 조사에 착수했다. 같은 해 11월에는 미국 상무부가 중국산 알루미늄 판의 덤핑 여부에 대한 조사를 시작했다. 덤핑이란 국제 무역 경쟁에서 이기고자 물품을 과도하게 저가에 판매하는 행위를 의미한다. 업계의 청원 없이 미국 정부가 자체적으로 반덤핑 조사에 나선 것은 26년 만이었다.

미국은 이듬해인 2018년 3월 공개한 무역대표부USTR의 무역정책 보고서에서 중국에 대한 고강도 무역 압박 방침을 분명히 하면서 미·중 무역전쟁의 서막을 연다. 359쪽에 달하는 이 보고서는 중국 등의 불공정한 무역 관행과 싸우기 위해 '모든 가용한 수단' 동원이라는 강경한 표현을 명시했다. 트럼프 대통령은 이어 3월 22일 백악관에서 중국산 수입품에 대해 연 500억 달러의 관세 부과를 지시하는 내용인 '중국의 경제 침략을 표적으로 하는 행정명령'에 서명했다. 중국을 상대로 선전포고를 하며 미·중 무역전쟁의 서막을 올린 것이다.

중국은 바로 다음 날 돈육 등 30억 달러(약 3조 1,900억 원) 규모 미국산 수입품에 대해 보복 관세를 부과할 것을 예고하며 곧바로 맞대응했다. 이어 4월에 미국산 돈육 등 8개 품목에 25%, 120개 품목에 15%의 관세를 부과했다. 미국이 이에 맞서 중국산 통신장비 등 25% 관세부과 대상으로 500억 달러 규모에 이르는 품목을 발표했다. 중국은 미국산 대두·자동차 등 106개 품목에 25%의 관세를 부과하는 방침을 발표하며 재보복에 나섰다.

관세 문제에서 거침없는 교전을 이어가던 양국은 2018년 5월 베이징과 워싱턴에서 번갈아 가며 무역협상을 진행했다. 협상이 진행되는 중에도 양국은 관세 부과와 이에 대한 보복 조치 등을 이어갔다. 이 가운데 미국은 2019년 8월 중국을 '환율조작국'으로 지정하기도 했다. 그럼에도 양국은 끈질기게 협상을 이어간 끝에 2019년 12월 13일 1단계 무역합의를 공식 발표했다. 미국은 같은 해 12월 15일로 예정된 15% 추가관세 유예를, 중국은 미국산 농산물 구매 대폭 확대를 약속했다. 이 합의는 2020년 2월 14일 발효됐다.

그러나 같은 해 7월 트럼프 대통령은 코로나19 사태로 인해 중국과의 관계가 심하게 손상됐다면서 2단계 무역합의를 생각하지 않는다고 밝혔다. 코로나19 확산 책임을 둘러싸고 미중 간 공방이 이어져 온 데다 홍콩 국가보안법 문제를 놓고 긴장이 고조되는 등 양국의 갈등이 더 깊어진 상황에서 나온 발언이었다.

미중 패권 전쟁-기술 경쟁

중국과 미국의 기술 패권 전쟁을 보여주는 대표적인 사례는 세계 최대 통신장비업체인 중국 화웨이의 멍완저우孟晚舟 부회장 체포와 가택연금이다. 화웨이의 창업자 런정페이任正非의 딸인 멍완저우 부회장겸 최고재무책임자CFO는 미국의 범죄 혐의 수배로 2018년 12월 캐나다에서 체포됐다. 미국의 대 이란제재를 위반할 목적으로 국제결제망에 접근할 수 있는 은행들을 속였다는 게 미국이 주장하는 멍 부회장의 혐의다. 멍 부회장은 같은 달 캐나다 법원으로부터 외출이 제한되고 발목에 전자감시 장치를 부착하는 등의 조건으로 보석을 허용받았다. 이에 따라 2년 9개월

간 캐나다에서 가택 연금 상태로 지내다 2021년 9월 미국 법무부와 기소 연기에 합의함에 따라 전격 석방됐다. 중국 당국과 화웨이는 멍 부회장의 혐의가 없다며 그의 체포는 인권침해라고 강력히 반발했다.

미중 무역전쟁의 불씨가 완전히 봉합되지 않은 가운데 미국에서는 조바이든 미국 대통령이 2021년 1월 20일 미국의 46대 대통령으로 취임했다. 바이든 행정부는 '반도체 공급망 동맹'(칩4) 화두를 던져 미중 기술 패권 경쟁구도에 긴장감을 불러일으켰다.

미 하원은 올해 7월 28일(현지 시간) 자국의 반도체 산업 발전과 기술적 우위 유지를 위해 2천800억 달러(약 363조 5,000억 원)를 투입하는 내용을 골자로 한 '반도체 지원 플러스 법안'(반도체법)을 통과시켰다. 미국 정부는 미국 주도의 반도체 공급 동맹인 칩4 참여국으로 미국 외에 일본, 대만, 한국을 지목하고 8월 말까지 참여 여부를 알려달라고 요구했다.

경제와 군사 두 핵심 영역에 걸친 미중 전략경쟁에서 반도체의 중요성이 절대적인 데다 이 동맹 구상에 중국이 빠져있기 때문에 중국은 칩4를 반도체 공급망에서 중국을 배제하려는 미국의 '디커플링' 시도로 규정하고 있다. 미국 바이든 행정부가 한국, 대만의 반도체 제조 공장을 자국으로 유치함으로써 유사시 반도체 자급이 가능한 시스템을 만든 뒤 그다음 단계로 중국과 가까운 곳에 위치한데다 중국의 반도체 생태계를 지탱하고 있는 한국, 일본, 대만을 중국과 단절시키려는 시도가 칩4라고 보는 것이다. 때문에 칩4를 둘러싼 미국과 중국 사이의 불편한 기류는 당분간 이어질 전망이다.

미중 패권 전쟁─지식재산권

미국은 2020년 7월 21일 72시간 안에 텍사스주 휴스턴에 있는 중국 총영사관을 폐쇄하라고 요구했다. 마이크 폼페이오 국무장관이 밝힌 사유는 '휴스턴 총영사관이 스파이 활동과 지식재산권 절도의 중심지'라는 것이다.

영사관 폐쇄는 미국과 중국이 수교한 1979년 이래 첫 조치일 만큼 초
강수여서 총성 없는 외교전이 시작됐다는 평가가 나왔다. 중국은 이에
대해 '동등한 보복' 방침을 천명한 뒤 청두 주재 미국 영사관을 폐쇄하라
고 24일 맞불을 놓았다.

양대 강국 전선이 코로나19 책임론, 화웨이 배척, 홍콩 자치권, 대만의
민주주의, 남중국해 영유권 문제, 중국 신장 인권 문제 등까지 펼쳐지며
가뜩이나 곳곳이 지뢰밭인 상황에 확전 가능성을 배제할 수 없게 됐다.
미국과 중국 간 고조된 위기는 이듬해 민주당에서 출마한 조 바이든 대
통령이 당선되며 긴장 완화에 대한 기대감이 일부에서 제기됐다. 하지
만 낸시 펠로시 하원의장의 대만 방문과 미국의 반도체 공급 동맹 구상
인 칩4(미국·한국·일본·대만) 문제 등으로 미국과 중국은 최근까지도 갈등을
겪고 있다.

미중 패권 전쟁—인권

미국과 중국의 경쟁·갈등 구도에서 빼놓을 수 없는 문제는 인권이다.
미국은 자유민주주의 국가로 무엇보다 인권을 중시한다는 점을 국제무
대에서 피력해 왔다. 중국은 중국대로 자국 내 인권문제를 부인하면서
미국이 내정간섭을 하고 있다고 비난하고 있다.

대표적인 사례는 티베트 문제다. 중국은 1950년 티베트를 침공해 병
합한 후 1965년 이 지역을 시짱 자치구로 편입했다. 현재 달라이 라마가
인도 북부 다람살라에 티베트 망명정부를 세우고 비폭력 독립운동을 이
끌고 있다. 미국은 티베트 정책지원법을 제정해 티베트 인권 증진 노력
을 지원하다가 2021년 12월에는 국무부에서 중국의 자치구인 티베트의
인권 문제 등을 담담할 특별 조정관을 임명했다.

중국으로부터 분리·독립을 원하는 중국 서부의 신장위구르 자치구
문제도 미국과 중국이 부딪히는 첨예한 인권 사안이다. 미국은 2012년

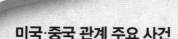

미국·중국 관계 주요 사건

1950~53년	한국전쟁 참전해 적으로 싸움
1954~55년	중국의 진먼도 포격에 따른 제1차 대만 해협 위기
1958년	제2차 대만해협 위기
1971년 7월	헨리 키신저 미 국가안보좌관 극비 방중
1972년 2월	리처드 닉슨 대통령 미 대통령으로는 처음 공식 방중
1978년 12월	미중수교 공동성명 서명
1979년 1월	미중 수교
1979년 3월	지미 카터 미국 대통령 대만관계법 서명
1986년	미중, 중국의 WTO 가입 협상 개시
1995년 6월	리덩후이 대만 총통 방미로 미중 갈등
1996년	대만의 첫 총통 직접 선거와 중국의 대만 주변 미사일 발사에 따른 제3차 대만해협 위기
1997년 4월	뉴트 깅그리치 미국 하원의장 대만 방문
1999년 5월	나토군에 의한 유고슬라비아 주재 중국대사관 오폭
1999년 11월	미중, 중국의 WTO 가입 관련 협정 서명
2001년 4월	미중 군용기 충돌 사건
2001년	중국 WTO가입
2017년 11월	도널드 트럼프 미국 대통령 중국 방문
2018년 3월	도널드 트럼프 미국 대통령 미국과 대만 간 상호 교류를 촉진하는 '대만여행법'에 최종 서명
2018년 4월	미중 무역전쟁 개시
2020월 5년	미국 '대중국 전략방침' 발표
2020년 7월	미 휴스턴 주재 중국 총영사관과 중국 청두 주재 미국 총영사관 폐쇄
2021년 11월	바이든 미국 대통령과 시진핑 중국 국가주석 영상으로 첫 정상회담
2022년 6월	중국 신장산 상품 수입 원칙상 금지하는 미국 법률 '위구르족 강제노동 금지법' 발효
2022년 8월	낸시 펠로시 미 하원의장, 현직 미국 하원의장으로는 두 번째 대만 방문 중국, 대만 해협에 군용기와 군함 대거 동원해 무력시위

미국·중국 무역 분쟁 주요 일지

미국	현재 시간 기준	중국
2018		
트럼프, 500억 달러 규모 중국산 제품에 관세 부과 중국의 대미 투자 제한 등의 내용 담은 행정 명령 서명	3.22	
	4.2	미국산 돈육 등 8개 품목에 25%, 120개 품목에 15% 관세 부과
통신장비 등 25% 관세 대상 500억 달러 규모 품목 발표	4.3	
	4.4	미국산 대두, 자동차등 106개 품목에 25% 관세 부과 방침 발표
340억 달러 규모 중국산 제품에 25% 관세 발효	7.6	같은 규모 미국산 45개 품목에 25% 관세 부과
160억 달러 규모 중국산 제품에 25% 관세 부과	8.23	같은 규모로 25% 관세 부과
2천억 달러 규모 중국산 제품에 10% 관세 부과	9.24	600억 달러 규모 미국산 제품에 5~10% 관세 부과
2019		
2천억 달러 규모 중국산 제품 관세율 10%에서 25%로 인상	5.10	
	6.1	600억 달러 규모 미국산 제품 관세율 5~25% 로 인상
재무부, 중국을 환율조작국으로 지정	8.5	
1,120억 달러 규모 중국산 제품에 15% 관세 부과	9.1	750억 달러 규모 미국산 제품에 5~10% 보복 관세
미중 무역협상 1단계 합의 발표	10.11	
트럼프 1단계 무역합의안 승인	12.12	미국산 농산물 대폭 구매. 지적재산권 보호와 금융서비스 시장 개방 등 강화 약속
2020		
재무부. 중국에 대한 환율조작국 지정 해제	1.3	
미중 1단계 합의안 서명	1.15	
지난해 12월 15일부터 시행 계획이던 1,600억 달러 규모에 대한 관세 부과 철회. 다른 1,200억달러 규모에 부과해온 15% 관세를 7.5%로 축소		4개 부문에서 향후 2년간 2천억 달러 제품 구매 (공산품 777억, 농산물 320억, 에너지 524억, 서비스 379억 달러)

12월 중국 신장 지구에서 일어나는 중국의 위구르 소수민족 탄압을 문제 삼아 베이징 동계 올림픽에 대한 외교적 보이콧 방침을 공식화한 바 있습니다. 올림픽에 정부 고위 인사를 파견하지 않는다는 내용이다.

미국은 이어 올해 7월 미국이 신장에서 만든 상품과 신장위구르자치구 내 노동이 투입된 상품 등의 수입을 원칙상 금지하는 내용으로 제정한 '위구르족 강제노동 금지법'이 발효됐다. 그러자 시진핑 주석은 7월 8년 만에 신장위구르 자치구를 방문해 중국이 미국의 인권 문제 압박에 굴복하지 않는다는 점을 과시했다. 이처럼 인권 문제는 중국과 미국이 서로 대치하며 평행선을 달리는 문제여서 앞으로도 갈등을 낳을 여지를 안고 있다.

세계 속
한류

박소희

MBC 기자

사회부, 경제부, 정치부, 문화부 등을 거쳐 현재 국제부에서
일하고 있다. '이달의 기자상'과 '올해의 기자상', '올해의
방송기자상'을 수상했다. 약자에게 열린 사회는 모두에게 열린
사회라는 믿음으로 사회적 약자에게 도움이 되는 기사를 쓰기
위해 노력하고 있다.

'기생충'이 칸 영화제 경쟁 부분에 초청돼 한국 영화로는 최초로 국제영화제에서 가장 권위 있는 상인 황금종려상을 수상했다. 그 후 2022년 송강호 배우가 〈브로커〉로 칸에서 남우주연상을 수상하고, 박찬욱 감독은 〈헤어질 결심〉으로 칸 감독상을 수상했다.

칸 영화제는 프랑스의 영화제로 매년 5월 개최되며, 개최지는 프랑스 동남부 알프마리팀 주의 도시 칸Cannes이다. 베를린 국제 영화제, 베니스 국제 영화제와 함께 일명 '세계 3대 영화제'로 불린다. 세 영화제 중에서는 칸의 위상이 가장 높다고 평가받고 있다. '깐느'로도 알려져 있는데 표준 표기는 '칸'이다. 영화제 엠블럼은 종려나무의 잎사귀에서 따왔으며, 그에 걸맞게 경쟁 부문에서 최고 권위로 인정받는 황금종려상의 트로피가 이 엠블럼으로 만들어진다.

칸 영화제 경쟁 부분 상은 먼저 최우수 작품상인 황금종려상으로 장편과 단편으로 나뉘어 있으며, 트로피는 시인이자 영화 감독인 장 콕토 감독이 디자인했다.

그랑프리상은 심사위원대상으로 2등 작품상으로 여겨진다. 이외에도 감독상, 남우주연상, 여우주연상, 심사위원상, 각본상으로 이뤄져 있다. 황금종려상 수상작은 타 부문 수상이 불가하며 심사위원상과 각본상에 한해서 남·여우주연상과 공동수상이 가능하다. 2022년 송강호 배우가 역대 우리나라 수상 기록 중 마지막으로 받지 못했던 남우주연상을 수상하면서 K무비는 경쟁 부분의 모든 상을 받는 기록을 갖게 됐다.

K-드라마 '오징어 게임' OTT 최고 기록을 세우다

2000년대 아시아 지역에 한류 열풍을 이끈 한국 드라마는 최근 OTT를 만나 전 세계로 뻗어가고 있다. 넷플릭스 오리지널 〈킹덤〉에 이어 〈오징어 게임〉, 최근에는 〈지옥〉까지 한국 드라마 흥행이 이어지면서 한국 콘텐츠에 대한 관심과 투자가 증대하고 있다.

기존에는 콘텐츠의 해외 수출을 위해 배급사나 제작사가 해외 진출

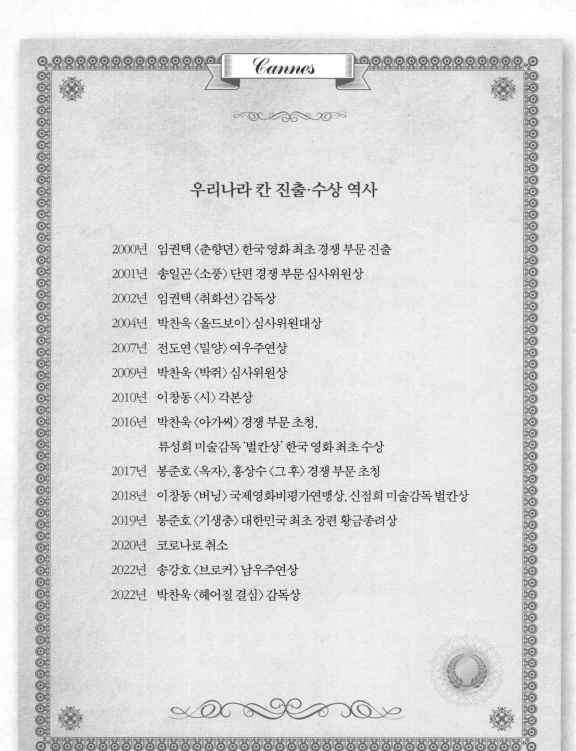

Cannes

우리나라 칸 진출·수상 역사

2000년 임권택 〈춘향뎐〉 한국 영화 최초 경쟁 부문 진출

2001년 송일곤 〈소풍〉 단편 경쟁 부문 심사위원상

2002년 임권택 〈취화선〉 감독상

2004년 박찬욱 〈올드보이〉 심사위원대상

2007년 전도연 〈밀양〉 여우주연상

2009년 박찬욱 〈박쥐〉 심사위원상

2010년 이창동 〈시〉 각본상

2016년 박찬욱 〈아가씨〉 경쟁 부문 초청,

　　　　류성희 미술감독 '벌칸상' 한국 영화 최초 수상

2017년 봉준호 〈옥자〉, 홍상수 〈그 후〉 경쟁 부문 초청

2018년 이창동 〈버닝〉 국제영화비평가연맹상, 신점희 미술감독 벌칸상

2019년 봉준호 〈기생충〉 대한민국 최초 장편 황금종려상

2020년 코로나로 취소

2022년 송강호 〈브로커〉 남우주연상

2022년 박찬욱 〈헤어질 결심〉 감독상

국가를 일일이 상대해야 한다는 단점이 있었지만, 전 세계에 뻗어있는 OTT를 사용하면 손쉽게 동시 해외 진출이 가능하고 빠른 피드백을 얻을 수 있는 장점이 있다. 〈오징어 게임〉과 〈지옥〉이 전 세계적으로 히트를 친 것도 드라마 시나리오 자체의 우수성도 있지만, OTT 스트리밍 플랫폼인 넷플릭스라는 채널과 넷플릭스의 투자가 없었더라면 세상 밖으로 나오지 못했을 수 있다.

오징어 게임은 황동혁 감독이 제작한 OTT 넷플릭스의 오리지널 한국 드라마다. 456명의 사람들이 456억의 상금이 걸린 미스터리한 데스 게임에 초대되면서 벌어지는 서바이벌 형식의 이야기로 제목은 우리나라 전통 골목 놀이인 오징어에서 따 왔다.

오징어 게임은 2021년 9월 17일 공개된 직후 센세이션을 일으켰다. 당시 넷플릭스가 정식 서비스되던 83개국 모두에서 1위를 차지했고, 시청 시간도 최초로 10억 시간을 넘기며 넷플릭스 TV프로그램 역대 시청 시간 새 기록을 세웠으며, 시청 가구 수 순위에서도 1위에 올랐다.

인기에 힘입어 각종 수상 경력도 쌓았다. 올 1월 열린 제79회 골든 글로브 시상식에서 배우 오영수가 TV 부문 남우조연상을 수상했다. 또한 지난 2월 말 펼쳐진 제28회 미국배우조합상SAG 어워즈에서도 'TV 코미디·드라마 시리즈 스턴트 앙상블상' 및 이정재와 정호연이 TV 드라마 시리즈 남녀주연상을 받는 등 총 3관왕을 차지했다

오징어 게임은 또 미국 방송계의 아카데미상으로 불리는 '에미상'의 드라마 부문 작품상에 비영어권 작품으로는 최초로 후보에 올랐다. 드

OTTOver The Top 셋톱박스를 거치지 않고 인터넷망 통해 언제 어디서나 방송·프로그램 등의 미디어 콘텐츠를 시청(소비)할 수 있는 사용자 중심적인 온라인 동영상 서비스를 지칭한다. 글로벌 시장에서 OTT가 불러온 가장 큰 파급력은 전통적인 유료 방송 시장을 대체하기 시작했다는 것이다. OTT만 가입하고 기존 유료 방송은 해지하는 '코드커팅Cord-cutting'현상이나 처음부터 유료 방송에 가입하지 않고 OTT만 구독하는 '코드네버Cord-never'현상도 일어나고 있다.

'오징어게임' 주요 기록
넷플릭스 시청시간 역대 최고

공개후 28일누적 **16.5억 시간**	오징어게임
6.3 브리저튼(영어권 드라마 1위-시즌 1 기준)	
6.2 종이의집(비영어권 드라마 2위-파트 4 기준)	

주요 수상 기록 현지 시간 기준

골든글로브 TV 부문 2022년 1월 9일	·남우조연상-오영수	한국 최초
미국 배우조합상 TV 드라마 부문 2022년 2월 27일	·스턴트 앙상블상 ·남우주연상-이정재 ·여우주연상-정호연	비영어권 최초
크리틱스 초이스 TV 드라마 부문 2022년 3월 13일	·최우수 외국어 드라마 ·남우주연상-이정재	한국 최초
크리에이티브 아츠 프라임타임 에미상 2022년 9월 5일	·스턴트퍼포먼스상 ·시각효과상 ·프로덕션디자인상 ·여우단역상-이유미	비영어권 최초
프라임타임 에미상 2022년 9월 13일	·감독상-황동혁 ·남우주연상-이정재	비영어권 최초

세계 대중문화 영향

'오징어게임의 날' 제정
미국 LA시에서 9월 17일을 '오징어게임의 날'로
제정

관련 상품 인기
체육복, 달고나 등 상품
전세계 판매

한국 전통놀이 전파
드라마 속 놀이 및 체험
전세계적 인기

세계 3대 콩쿠르 쇼팽콩쿠르, 퀸 엘리자베스 콩쿠르, 차이콥스키 국제 콩쿠르가 세계 3대 콩쿠르로 꼽힌다. 그 중 차이콥스키 국제 콩쿠르는 우리나라에서는 1974년 정명훈, 그리고 2011년 손열음을 배출하기도 했다. 자타가 공인하는 전통과 권위를 자랑하지만, 전 세계 116개 콩쿠르를 관리 감독하는 국제음악콩쿠르세계연맹WFIMC이 최근 차이콥스키 콩쿠르의 회원 자격을 박탈하기로 했다. 올해 4월 긴급 총회에서 표결에 부친 결과, 회원의 90%가 자격 박탈에 동의했다. 사유는 "러시아의 야만적인 전쟁과 우크라이나에서의 잔혹한 인명 피해 앞에서, 러시아 정부의 재정 지원을 받는 콩쿠르를 더는 회원으로 유지할 수 없다"는 것이었다. 때문에 내년에 열리는 차이콥스키 콩쿠르는 러시아 국내 음악대회라는 수모를 피할 수 없게 됐다.

반클라이번 콩쿠르 냉전 시절이던 1958년 소련에서 열린 제1회 차이콥스키 국제 콩쿠르에서 우승하여 미국의 영웅이 된 피아니스트 반클라이번를 기념하는 국제 콩쿠르이다. 1962년부터 시작하여 올해 창설 60주년을 맞은 전통 있는 콩쿠르다. 4년 주기로 대회를 개최하고 있고 우리나라에선 선우예권 2017년 우승을 했다. 그 외에는 손열음이 2009년, 조이스양이 2005년 2위를 기록했었다. 2022년 임윤찬이 역대 최연소로 1위를 기록하며 신드롬을 일으켰다.

세계 3대 문학상 노벨 문학상, 부커상, 공쿠르상을 세계 3대 문학상으로 꼽는다. 노벨 문학상의 경우 일본과 중국은 지금까지 각각 2명의 수상자를 배출했지만 우리나라는 아직 수상자가 없다. 영국의 부커상은 2002년부터 맨 그룹이 후원하기 시작하면서 맨부커상으로 운영했지만 2019년 후원을 중단하면서 맨을 빼고 부커상으로 변경해 현재까지 이름을 유지하고 있다. 2005년부터 비영어권 작가와 소설을 대상으로 수상 영역을 확대했다. 2016년 5월 소설가 한강의 채식주의자가 부커상 인터네셔널 부문에서 한국인 최초로 수상자로 선정됐다.

스웨덴
노벨문학상

어니스트 헤밍웨이   헤르만 헤세   호세 에체가라이

영국
맨부커상

프랑스
콩쿠르상

징벌적
손해배상과
언론개혁법

이지율

뉴시스 기자

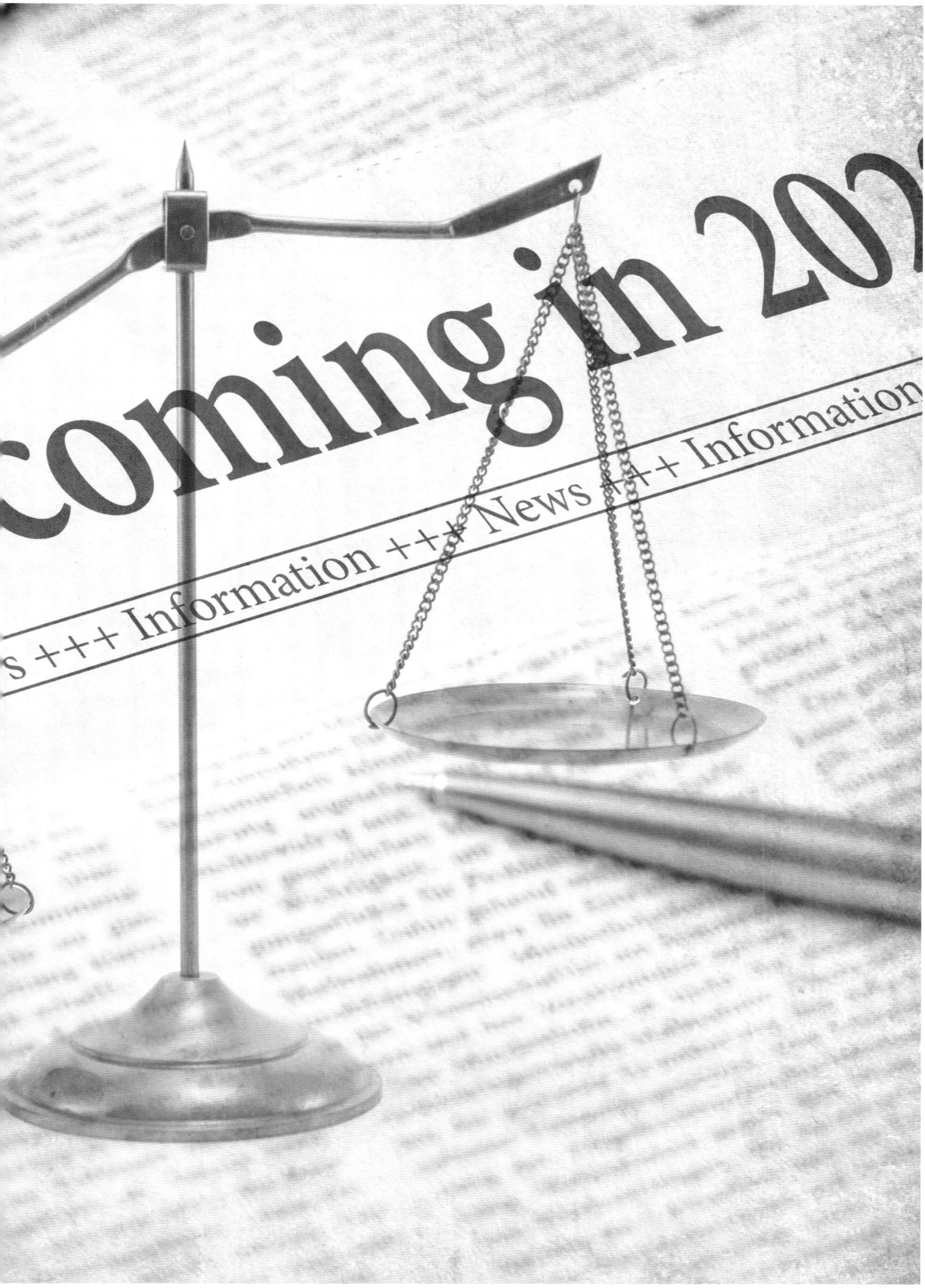
coming in 20
s +++ Information +++ News +++ Information

issue **01**   징벌적 손해배상과 언론개혁법

‘**기**레기'(기자와 쓰레기의 합성어)라는 말이 생겨나는 등 일부 언론의 허위·조작 보도가 사회 문제로 대두되면서 언론 개혁에 대한 사회적 여론이 형성됐다. 2021년 당시 여당이 었던 더불어민주당은 검찰 개혁, 법원 개혁에 이어 언론 개혁을 하겠다며 언론사에 징벌적 손해배상을 물리는 내용을 골자로 한 ‘언론중재 및 피해구제 등에 관한 법률 일부개정법률안'(이하 언론중재법 개정안)을 내놨다. 민주당은 일반 시민의 ‘피해 구제'에 방점을 찍었다는 입장이지만 언론 관련 법안에 징벌적 손해배상제를 적용한 지점이 논란이 됐다. 언론·시민단체와 야당은 표현의 자유 위축을 우려하며 "언론 길들이기 법안"이라고 반발했고, 지난해 9월 예정됐던 개정안의 국회 본회의 상정은 보류됐다. 개정안으로 인해 권력에 대한 견제와 감시라는 언론 본연의 기능을 제대로 수행하기 어렵다는 강한 우려가 작용했기 때문이다.

징벌적 손해배상이란

언론중재법 개정안에서 가장 크게 논란이 된 지점은 징벌적 손해배상제 도입이다. 처벌적 손해배상이라고도 불리는 징벌적 손해배상은

민사재판에서 다뤄지는 손해배상에 형벌적 성격을 더한 개념을 띤다. 가해자가 고의적·악의적·반사회적으로 불법행위를 한 경우 피해자의 실제 손해액보다 훨씬 많은 금액을 배상하도록 하는 제도를 의미한다. 손해액만큼 보상하는 보상적(전보적) 손해배상을 넘어선 제재를 가하면서 반복될 수 있는 유사한 부당행위를 막고자 하는 예방적 목적과 형벌적 성격을 갖고 있다.

이러한 징벌적 손해배상은 가축을 훔친 도둑에게 10배의 보상 혹은 사형을 하도록 규정한 고대 바빌로니아 왕국의 함무라비 법전에서 기원을 찾을 수 있다. 우리나라의 경우 고대 부여 법전에서 도둑질을 하면 도둑질한 물건의 12배를 변상케 한다는 구절을 토대로 손해배상에 형벌적 제도가 혼합된 형태가 존재했다고 해석되고 있다. 이 같은 유래를 바탕으로 한 징벌적 손해배상제는 주로 영국과 미국에서 판례를 통해 인정하고 있다.

다만 우리나라는 손해를 끼친 자가 고의를 가졌거나 더 나아가 악의를 가졌다 하더라도 발생한 손해만큼만 보상하는 보상적 손해배상을 원칙으로 하고 있다. 독일법 등 대륙법에 근간을 둔 일본법의 영향을 받아서다. 그러나 이와 같은 보상적 손해배상 법리만으로는 현대 사회에서 발생하는 각종 불법행위에 대한 대응이 어렵다. 특히 기업과 개인 간 불법행위의 경우, 기업이 자사의 이익만을 목적으로 불법행위를 했을 때 개인에 대한 손해배상만으로는 재발을 억제하기 힘든 게 현실이다. 이 같은 문제가 누적되면서 우리나라도 개별 법률에서 징벌적 손해배상 규정을 도입하는 경우가 늘고 있고 이에 대한 찬반 토론 역시 활발히 진행되고 있다.

언론중재법 개정안

언론중재법에 징벌적 손해배상제를 처음 도입한 건 정청래 민주당 의원이다. 정 의원은 2020년 6월 "언론의 악의적인 보도로 인격권이 침해

된 경우 법원은 손해액의 3배를 넘지 않은 범위에서 손해배상을 명할 수 있는 징벌적 손해배상제도를 도입해 실효성 있는 구제 제도를 확립하고자 한다"며 언론중재법 개정안을 발의했다. 법안은 한 달 만에 국회 문화체육관광위원회에 상정됐지만 1년여 동안 계류됐고 같은 기간 비슷한 개정안이 16개나 쏟아졌다.

민주당은 2021년 언론의 책임성 강화와 언론보도에 따른 피해 구제 실효성을 명분으로 기존 16개의 언론 관련 법안을 통합·수정한 언론중재법 개정안 입법을 추진했다. 2021년 7월 27일 해당 개정안이 국회 문화체육관광위원회 법안심사 소위를 통과하면서 개정안에 대한 찬반 논란이 거세지기 시작했다.

민주당은 개정안에 ▲최대 5배의 징벌적 손해배상 도입 ▲언론의 고의·중과실 추정 조항 신설 ▲정정보도를 해당 언론 보도와 같은 시간, 분량 및 크기로 보도 ▲열람차단청구권 신설 등의 내용을 담았다. 이에 언론·시민계는 물론 야당과 학계, 법조계까지 문제점을 지적하며 반발했고 민주당은 8월 17일 수정안을 내놨다.

수정 대안은 ▲고위 공직자와 기업 임원의 징벌적 손해배상 청구 제외 ▲손해배상 언론사 매출액 비율 기준 삭제 ▲입증 책임을 원고로 명확히 규정 ▲열람차단청구표시 조항 삭제 ▲구상권 청구 조항 삭제 등을 핵심으로 했지만 여전히 각계의 반발은 지속됐다.

위헌 논란 부른 징벌적 손해배상제 도입

가장 먼저 언론법안에 징벌적 손해배상제 도입을 둔 적절성이 도마 위에 올랐다. 언론중재법 개정안 30조의 2(허위·조작보도 특칙) 1항은 "법원은 언론 등의 고의 또는 중과실로 인한 허위·조작 보도에 따라 재산상 손해를 입거나 인격권 침해 또는 그 밖의 정신적 고통이 있다고 판단되는 경우 보도에 이르게 된 경위, 보도로 인한 피해 정도, 언론사 등의 사회적 영향력과 전년도 매출액을 적극 고려해 손해액의 5배를 넘지 않는 범

해 한목소리로 비판했다. 세계 최대 규모의 언론 단체인 세계신문협회 WAN-IFRA는 8월 12일 '가짜뉴스 관련 법률과 싸우고 있는 대한민국 언론을 지지한다'는 성명서를 통해 "한국 정부와 여당 등 관계기관은 허위 정보를 위해 성급히 마련된 언론중재법 개정안을 즉각 철회할 것을 촉구한다"며 "이 개정안은 비판 언론을 침묵시키고 대한민국의 민주주의 전통을 훼손시킬 우려가 있다"고 주장했다. 이어 "언론중재법 개정안이 담고 있는 이른바 '가짜뉴스'의 발행 의도를 규정하는 기준을 정하려는 시도에 대해 우려를 표명한다"며 "가짜뉴스를 결정하는 기준은 필연적으로 해석의 남용으로 이어져 보도의 자유에 위해를 끼칠 수 있다"고 경고했다. 세계신문협회는 세계 60개국 1만 5,000여 개 언론사가 소속돼 있으며 언론 자유 창달을 목표로 1948년 설립됐다.

뱅상 페레뉴 세계신문협회 최고경영자CEO는 "이런 유형의 규제는 세계에서 가장 권위주의적인 여러 정권이 정치적, 경제적 권력에 대한 비판을 잠재우는 데 사용한 편리한 수단이었다"며 "언론법 개정안이 그대로 처리된다면 한국 정부는 개혁이라는 이름으로 자유롭고 비판적인 논의를 사실상 억제하려는 최악의 권위주의 정권에 속하게 될 것"이라고 경고했다.

법조계도 언론중재법 개정안을 두고 언론 자유에 위협이 될 수 있다고 우려를 표했다. 대한변호사협회는 8월 16일 민주당이 본회의에서 법안을 강행 처리할 가능성이 높자 "언론에 재갈을 물리고 국민의 눈과 귀를 멀게 해 종국에는 민주주의 근본을 위협하는 교각살우가 될 수 있다"며 "취지가 아무리 선의라고 하더라도 결과적으로 언론의 자유를 위축시킬 가능성이 높은 제한 규정에 대해선 충분한 의견수렴을 거쳐 사회적 합의를 이룬 후 구체화하는 것이 바람직하다"고 지적했다.

민주사회를위한변호사모임도 8월 23일 성명을 내고 "언론 피해에 대한 구제 강화를 도모하는 개정 법안의 취지를 긍정적으로 평가한다"면서도 "언론의 자유에 중대한 침해가 발생할 수 있다"고 밝혔다.

법학전문대학원로스쿨과 법학과 교수들로 구성된 한국법학교수회 역시 같은 날 입장문을 통해 "개정안에 의하면 기준손해액이 종전 법원 재판절차에서의 통상 인용액 500만 원의 10~20배에 이르고 징벌적 손해배상을 하게 되면 500만 원의 100배까지 손해배상이 가능하게 된다"며 "이렇게 되면 대형 언론사를 제외한 중소형 언론사 대부분이 문을 닫게 되는 상황이 올 수 있다"고 지적했다. 이어 "나아가 대형 언론사만이 남게 돼 언론의 자유는 사라지고 언론의 독점은 더욱 강화될 수밖에 없다"며 "성숙한 국민들의 양식과 언론의 자정능력을 신뢰해 충분한 논의와 토론을 거친 후에 시간을 두고 개정 여부를 결정해야 한다"고 했다.

시민단체·학계서도 우려 목소리

언론개혁을 주장하는 언론시민단체에서도 우려의 목소리가 이어졌다. 언론개혁시민연대는 8월 11일 논평을 내고 "언론연대는 숙의의 요청을 외면하는 민주당의 독선적 행보에 강한 유감을 표한다"며 "민주당은 기사 삭제와 다름없는 강력한 수단을 도입하며 이와 충돌하는 언론의 자유와 국민의 알권리를 균형 있게 보장하기 위한 절차와 요건을 마련하지 않았다"고 지적했다. 그러면서 "기사 삭제나 열람 차단은 사법부의 엄격한 심사와 재판에 맡기는 것이 타당하다"고 주장했다.

학계도 나섰다. 한국언론학회 회장단은 8월 16일 역대 회장 26명 명의 성명을 통해 "민주당은 현재 추진하는 언론중재법 개정안의 강행처리를 즉각 중단하고 여야와 언론계, 학계, 시민단체 등 다양한 국민이 참여하는 논의 기구를 국회에 설치해 인터넷 개인 미디어를 포함해 이른바 '가짜뉴스'에 대한 종합 대책을 원점에서 재수립할 것을 제안한다"고 밝혔다. 이어 "민주당은 '가짜뉴스'로 인한 피해자 구제법이라고 주장하지만 법안이 처리된다면 언론중재법은 표현의 자유, 언론의 자유를 위축시키는 반민주적 악법으로 변할 것"이라며 "법안의 취지가 국민 권익을 보호하는 것이라고 해도 야당의 반대와 당사자인 언론계의 정당한 요구를 무시한 채 다수 의석만 믿고 일방적으로 추진하는 것은 그 자체가 법의 정당성을 훼손하는 것"이라고 비판했다.

특위 구성했지만······. 6개월 활동 빈손 종료

각계의 반발이 이어지자 민주당은 개정안의 본회의 상정을 철회하고 국회 특별위원회를 구성해 언론중재법을 포함한 언론개혁 법안 논의를 이어가기로 했다. 박병석 국회의장과 윤호중 민주당 원내대표, 김기현 국민의힘 원내대표는 9월 29일 국회 언론·미디어 제도개선특별위원회 구성에 합의했다. 특위는 여야 동수, 18명으로 구성해 같은 해 12월 31일까지 운영키로 했다.

윤호중 원내대표는 "그동안 언론 현업 단체와 시민사회 단체, 전문가들로부터 많은 요청이 있었고, 국회가 언론중재법만 먼저 논의하는 것에 대해 문제 제기도 있었다"면서 "야당과 함께 특위를 구성해서 언론 전반에 대한 개혁 방안을 논의하도록 합의를 이끌어냈다"고 밝혔다. 김기현 원내대표는 "여야가 최대한 합의하고 대화와 타협으로 논의해야 한다는 기본 원칙을 존중하는 취지로 합의했다"고 설명했다.

언론중재법뿐만 아니라 정보통신망법(포털 및 1인 미디어 규제), 방송법(공영방송 지배구조 개선), 신문법(편집권 독립) 개정안 등을 논의하기로 했던 특위는 기한을 한 차례(5개월) 늘리면서 활동을 이어갔지만 뚜렷한 성과 없이 6개월 만에 종료됐다. 국회 상임위원회와는 달리 특위에는 입법권이 없어 논의 자체에 힘이 실리지 않았고 대통령 선거 국면과 겹치면서 사실상 동력을 잃었다. 지방선거를 앞두고 중도 무당층 등 민심 이반을 고려해 개혁 입법에 소극적이었다는 분석도 있다.

민주당 소속인 홍익표 미디어 특위 위원장은 올해 5월 24일 특위 마지막 전체회의에서 "논의에 한계가 있었고 여러 가지 교섭단체 간 의견 대립이 심한 관계로 특위에서 진전된 안을 제시하거나 논의를 발전시키기가 어려웠다"며 "그러나 국회 대립 상황에서 특위가 어쨌든 논의의 과정을 다시 복원시켰다는 점은 나름의 성과"라고 말했다.

특위 민주당 간사였던 김종민 의원은 "양 간사 간에 활동 결과보고서라고 하나 만들긴 했는데 보면 알겠지만 특별히 알맹이가 없다"면서 "국회에서 6년째 활동하고 있는데 이 특위처럼 부끄러운 활동을 한 곳은 없었다"고 했다. 이날 회의에서 채택된 '활동 결과 보고서'에는 언론중재법, 정보통신망법, 방송법 등 언론개혁법이라 불린 관련 법안 개정에 대한 핵심 쟁점은 그대로였다.

특위 국민의힘 간사 윤두현 의원은 "노자의 도덕경에 치대국약팽소선治大國若烹小鮮이란 말이 있다. 큰 나라를 다스릴 때는 크게 후다닥 하는 게 하니라 작은 생선을 삶듯 정교하게 해야 한다는 것"이라며 "어느 한쪽으로 쏠려서 한쪽의 가치가 훼손되지 않도록 (입법 논의는) 조심스럽게 해야 한다"고 말했다.

이재명 민주당 당대표 당선, 언론중재법 개정안 재입법 추진 가능성도

대선과 지방선거 등을 거치며 논의가 중단됐던 언론 개혁 법안은 이재명 의원이 지난 8월 민주당 대표로 당선되면서 다시 추진될 가능성이

높아졌다. 특히 민주당이 지난 4월 당론으로 채택·발의한 공영방송지배구조 개선 법안은 이재명 대표 체제에서 입법 추진 가능성이 매우 높다. 앞서 이재명 대표는 대선 공약으로 "공영방송 사장은 주권자인 각계각층, 각 지역 국민대표가 참여하는 국민위원회 같은 기구가 이사 후보자를 추천해 선출하도록 해 임명권을 국민께 돌려드리겠다"고 공약한 바 있다.

　민주당은 KBS·MBC 등 공영방송의 지배구조를 바꿔 정부·여당이 자기 입맛에 맞는 사장을 임명하는 걸 막겠다는 취지를 내세웠다. 민주당 최고위원이자 국회 과학기술정보방송통신위원회 위원장인 정청래 의원은 "공영방송 지배구조에 대한 문제가 수십 년간 불거지는 것은 여당이 방송을 장악하고 싶은 유혹 때문"이라며 "여야의 입김이 작용하지 않도록 하자"고 말했다. 그러면서 여당의 보이콧에도 자신의 과방위원장 임기 내 공영방송 지배구조 개선을 신속하게 추진하겠다는 뜻을 밝혔다. 민주당이 밀어붙이려는 공영방송지배구조 개선법은 ▲방송통신위원회 설치 및 운영법 ▲방송법 ▲방송문화진흥회법 ▲한국방송교육공사법 개정안 등 4가지다. 기존 공영방송 이사회를 운영위원회로 바꾸고 운영위원 정수를 25명으로 확대하자는 게 골자다. 현재는 정치권이

임명한 이사들이 공영방송 사장 추천을 주도하고 있는데 이같이 바뀔 경우 다양한 주체가 사장을 추천할 수 있게 된다.

국회 관련 상임위원회인 과학기술정보방송통신위원회에서 여야가 극심한 갈등을 벌이고 있는 것도 언론 개혁법과 무관치 않다. 과방위는 여야가 위원장의 의사진행 방식을 두고도 이견을 보이고 있는데 최대 쟁점인 공영방송 지배구조 개선 입법 논의를 앞둔 기싸움으로 분석됐다. 민주당은 연내 개정안 통과에 강한 의지를 드러내고 있지만 국민의힘은 이를 방송 장악 의도라고 규정, 반발하고 있어 언론 개혁 이슈는 21대 하반기 국회 블랙홀 이슈가 될 것으로 전망된다. 정청래 과방위원장은 "국민의힘이 보이콧을 해도 올해 안에는 하겠다"고 강조한 반면 과방위 국민의힘 간사인 박성중 의원은 "민주당 계통의 진보 좌파가 공영방송을 영구 장악하겠다는 뜻"이라며 "저희들은 기필코 막아내야 된다는 의지가 있다"고 했다.

언론중재법 개정안 관련 주요 일지

2021년 8월 18일 : 국회 문화체육관광위원회 안건조정위원회에서 법안 통과−국민의힘 등 야당 불참,
        민주당 단독 처리

8월 19일 : 국회 문화체육관광위원회 전체회의에서 법안 통과−민주당 단독 처리

8월 25일 : 새벽 4시 국회 법제사법위원회에서 법안 통과−민주당 단독 처리

8월 30일 : 본회의 직전 여야 회동 4번 결렬, 언론중재법 9월 27일 본회의 상정 합의

9월 27일 : 여야 합의 실패로 본회의 상정 연기

9월 29일 : 민주당, 언론중재법 상정 철회 후 국회 언론·미디어 제도개선특별위원회 구성 합의

11월 15일 : 국회 언론·미디어 제도개선특별위원회 출범(활동 시한 연말까지)

12월 31일 : 국회, 언론·미디어 제도개선특별위원회 활동 연장안(5개월) 본회의 가결

2022년 5월 29일 : 국회 언론·미디어 제도개선특별위원 활동 종료